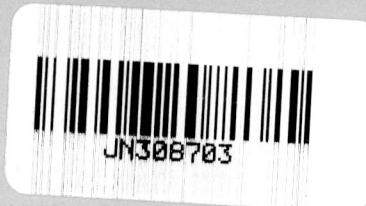

ドラゴン

飼い方
育て方

ドラゴン飼い方育て方

ジョン・トプセル

責任編集　ジョーゼフ・ニグ
イラスト　ダン・マローン

Editors: Susie May,
Karen Koll
Art Editors: Anna Knight,
Natasha Montgomery
Assistant Art Director:
Penny Cobb
Copy Editor: Tracie Davis
Proofreader: Claire Wedderburn
Maxwell
Indexer: Dorothy Frame
Designer: Karin Skånberg
Illustrator: Dan Malone

Art Director: Moira Clinch
Publisher: Paul Carslake

Manufactured by Modern Age Repro House
Ltd, Hong Kong
Printed by Toppan Leefung Printers
limited, China

献辞
打ち込み作業以外は——アイデア提供から編集作業のあらゆるサポートまで——なんでもやってくれたエスターに感謝をささげます。彼女なしでは、これほどすばらしい本にならなかったでしょう。（J・N）

引用（J・N）
p13　エドワード・トプセル（Edward Topsell ）ドラゴンについて『蛇の歴史』（*The Historie of Serpents*）より
p38　マルケット神父（Father Marquette）によるピアサの説明　G・エリオット・スミス（G. Elliot Smith）『ドラゴンの進化』（*The Evolution of the Dragon*）より引用
p47　ジム・ネルソン「ドラゴンの炎」の引用文の編集
p101　エスター・マッジーリョ「わたしのすてきなドラゴン」の編曲

編集者のカレン・コル、デザイナーのナターシャ・モンゴメリー、編集デザイナーのスージー・メイとアンナ・ナイト、そしてこの本に寄稿してくださった方々、マージョリー・マッジーリョ、ジム・ネルソン、ギャリー・レイリー、オリヴァー・モンク、ローレンス・ダニング、ジョーゼフ・ハッチスン、アマンダ・クイン、カイラ・パチェコ、そして、ジョーイ、ジル、ジェシー、ジェイス、キャシディ、マックスに、心から感謝いたします。

東洋のドラゴン　24ページ

目次

第1部
ドラゴンを飼うまえに　10

第2部
ドラゴンの品種　20

コカトリス　26ページ

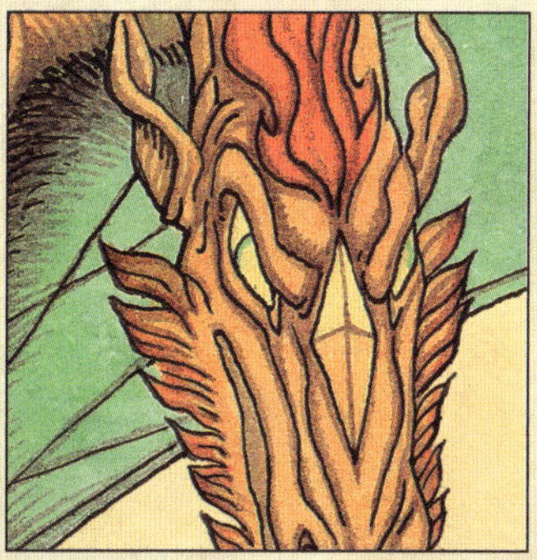

インドのドラゴン　28ページ

ドラコン　30ページ

第3部

最高のドラゴンを育てる 52

ヨッパ・ドラゴン 32ページ

多頭ドラゴン 34ページ

ムシュフシュ 36ページ

ピアサ 38ページ

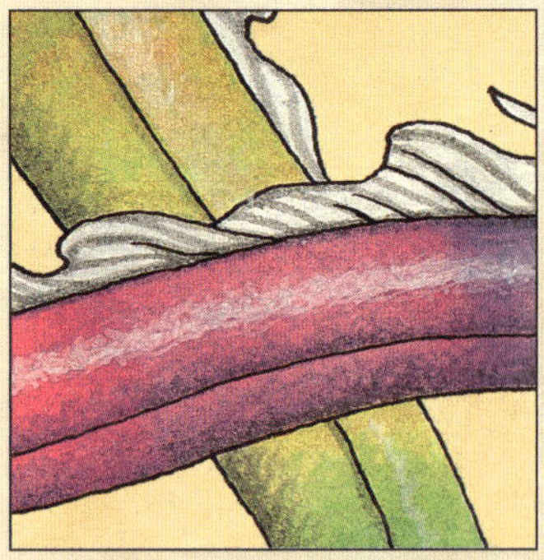

レインボー・サーペント 40ページ

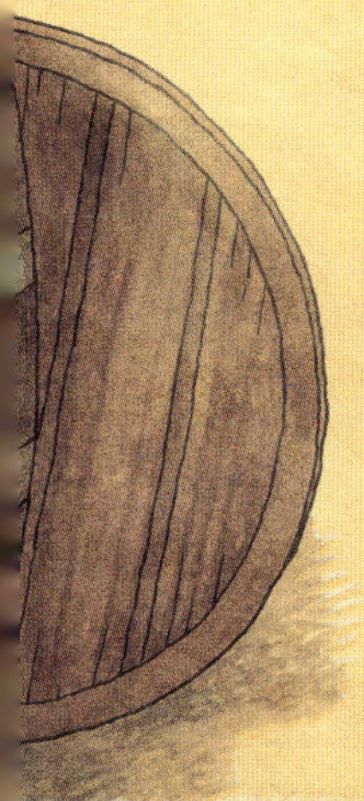

第4部 ドラゴンを訓練する 90

第5部 ドラゴンを披露する 108

サラマンダー 42ページ

シードラゴン 44ページ

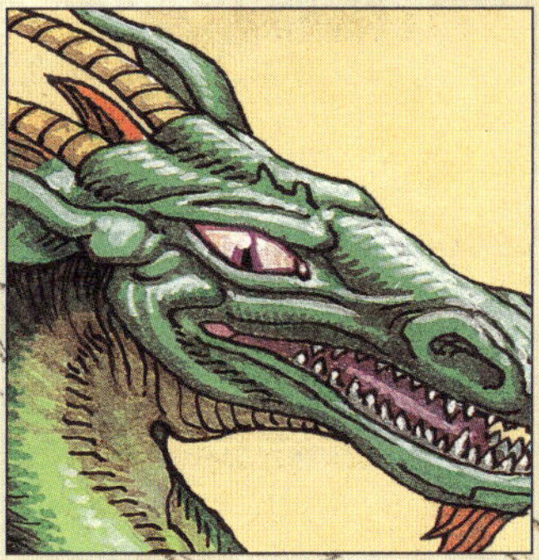

西洋のドラゴン 46ページ

タラスク 48ページ

ワーム 50ページ

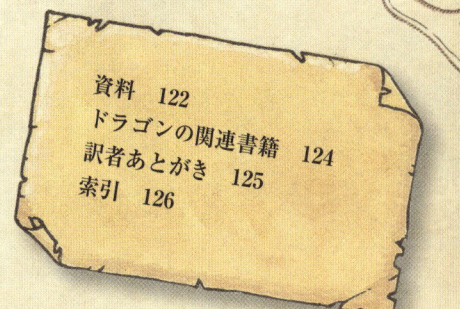

出版社のまえがき

当社はこれまで、ヒツジ、ニワトリ、ブタをはじめ、一般的な家畜のベストセラー飼育書を出版してきました。そしてあるとき、ジョン・トプセルという、ドラゴンを育てている人物の噂を聞き、ひじょうに興味をもったのです。そして、話がほんとうか確かめるべく、トプセル氏と連絡をとってみました。

ほんとうでした。17世紀の博物学者の遠縁にあたるトプセル氏は、30年間以上、人里離れた私有地でドラゴンを育ててきたのです。現在、彼と暮らしているのは、品評会で受賞経歴を持つ西洋ドラゴンのロウィーナです。

数カ月間のやりとりを交わしたのち、トプセル氏はドラゴンの飼育本製作を承諾してくれました。同時に、長いあいだかけて収集した記録、リスト、写真、その他多くの資料も送ってもらいました。当社の編集責任者が資料をまとめ、アートディレクターがイラストを監督しました。

こうして、みなさんにこの本をお届けいたします。わたしたちの動物飼育シリーズの最新作です。楽しんでいただけることを、心から願っています。

出版社より

読者のみなさんへ

博物学の古典である、権威高きドラゴンの専門書『蛇の歴史』（1608年）の作者として名高いエドワード・トプセルは、わたしの先祖です。幼いころ、わたしはこのすばらしい本を読み、ドラゴンにすっかり夢中になりました。今日にいたるまでその情熱はまったくおとろえていません。

『蛇の歴史』から100年後、オリヴァー・ゴールドスミスが『ゴールドスミス動物誌』を出版しました。このなかで、高名なゴールドスミスは次のような衝撃的な発言をしています。「ドラゴンという種族全体は小さくなってトビトカゲになり、虫を捕獲する程度の害のない生きものになりさがり、せいぜい美しい姿で森を飾るくらいでしょう」

ばかばかしい。こんなでたらめな話はありません。トビトカゲをけなすつもりはありませんが、ドラゴンの多くは何百年も寿命があり、ゴールドスミスの本が書かれたころに生まれたドラゴンはまだ生きつづけているのです。ドラゴンは、今でも地球のあちこちにいます。昔とくらべて、気質がだいぶおだやかになったため、人間が彼らと交流することも可能になりました。

ここ数十年間、世界規模で、さまざまな品種のドラゴンを扱う業者が現われ、この珍しい生きものに興味をもつ人も、年をおうごとにどんどん増えていっています。

この本は、あなただけのドラゴンを手に入れ、飼育するために必要なことをすべて教えます。

ジョン・トプセル

第1部

ドラゴンを飼うまえに

ドラゴンを飼うかどうかは、あなたにとって、きわめて重要な決断です。なぜなら、それは一生の問題だからです。すでにドラゴンを飼うと心に決めているかたも、じっくりとこの章を読んでください。ドラゴンの品種にかんする基礎知識、ドラゴンを飼う一般的な理由、ドラゴンを手に入れるための条件を知ったうえで、このたぐいまれな生きものをほんとうに飼いたいのかどうか、心に問いかけてみてください。

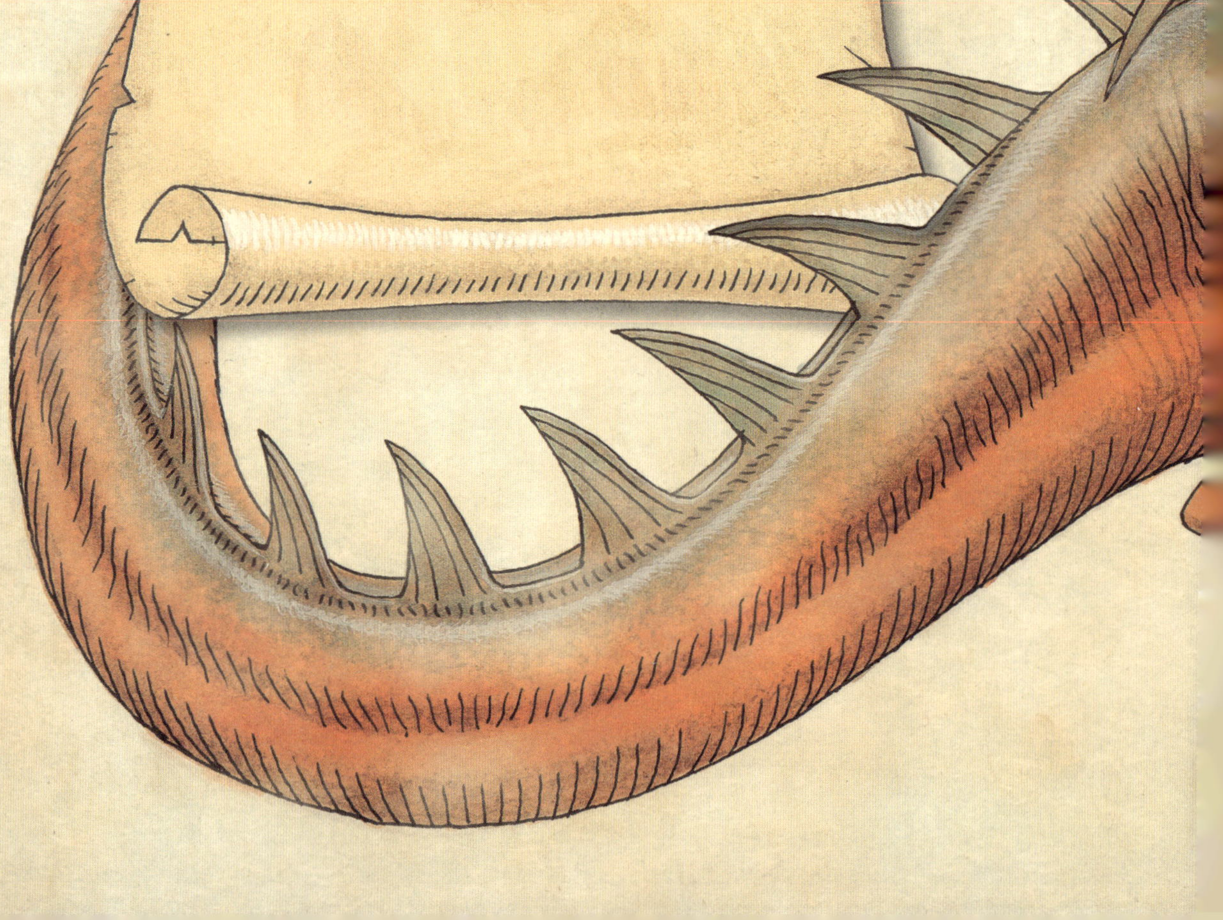

1

ドラゴンとはなにか？

太古の昔から、世界中の人々はドラゴンについて記したり、絵を描いたりしてきました。しかし、時代と場所によって、ドラゴンもさまざまです。ドラゴンは不思議な破壊力と創造力をもつ世界共通の生きものですが、その分類、形態、品種はたくさんあるのです。このような先祖を背景に、多種多様なドラゴンが今日繁殖・飼育されています。

ヘビはバジリスクと共通する特徴をもっています。

トカゲは、サラマンダーというドラゴンの品種ときわめてよく似ています。

基本的なこと

ドラゴンは、品種によって、大きさ、形、色、力、習性が異なりますが、以下のような共通の性質があります。

・ドラゴンは、は虫類に属します。「は虫類」とは、「はいまわる動物」という意味です。ただし、このことばでは説明のつかないドラゴンもいます。

・ワニ、カメ、トカゲ、ヘビの仲間と同じように、ドラゴンは変温動物で、肉食であり、卵を産みます。また、体を保護するうろこをもち、目は明るい色で誘いこむようなまなざしをしています。

・ですがやはり、ドラゴンは、は虫類とは異なります。多くは翼をもち、炎を吐きます。目の裏にふしぎな宝石をもっていたり、魔法の血や、盲目を治す油をもつドラゴンもいます。ほとんどは、とほうもなく大きくなり、何百年間も生きます。

ドラゴンと同じように、カメは卵から孵化します。

ワニもまた、ドラゴンの仲間です。

エドワード・トプセルのドラゴン

名高いわが先祖エドワード・トプセルによる『蛇の歴史』（1608年）では、ドラゴンの基本的な身体的特徴をいろいろ説明しています。以下に、その図解例をいくつかあげましょう。

翼があって、脚のないドラゴンがいたり……

……脚も翼もあるドラゴンがいる一方で……

……脚も翼もないドラゴンもいる。ヘビとの違いは、頭にとさか、あごひげがついていることだろう。

ドラゴンの種族

いくつか変種もありますが、わたしの先祖は、ドラゴンの主な種族を次のように分類しました。

・大きな翼をもち、脚のないドラゴンは「アンフィプテール」と呼ばれます。翼が小さくて足のないドラゴンは「リンドルム（リンドワーム）」です。どちらも、紋章に描かれてきました。

・翼と２本の脚をもつドラゴンは「ワイバーン」と呼ばれます。こちらも、紋章にされ、とくに中世とルネサンスの絵画に登場しました。翼と４本の脚をもつのが（先祖のトプセルによる絵はありません）、西洋のドラゴンです（たとえば、わたしの飼っているロウィーナ）。紋章によく描かれるドラゴンです。東洋やほかの地域のドラゴンは、４本脚で、通常、翼がありません。

・わたしの先祖が描いた、とさかとあごひげがあるドラゴンのうち、翼や脚のないもの（あるいは、あるとすれば非常に小さなとさかがあるもの）は、絶滅したバジリスクに似ています。なお、バジリスクが進化したものがコカトリスです。

・ギリシアのレルネに棲んでいたヒュドラのような多頭のドラゴンは、わたしの先祖は描いていません。翼も脚もなく、頭がふたつあるドラゴンは、「アンフィスバエナ」です。

その他のドラゴン

標準的なドラゴンの種族のほかに、同族ではあっても、ブリーダーが取り扱わず、飼育が不可能な種類のドラゴンもいます。そのうち一種類は、神話上だけのものとされ、まったく入手できません。もうひとつは、夜空で見ることができます。

ティアマト

一般的に、ドラゴンは恐竜の子孫といわれています。恐竜は絶滅したは虫類で、形や大きさなど、ドラゴンと共通する特徴をもっています。しかし、バビロニア神話の天地創造では、少し様子がちがいます。原初に、ティアマトというバビロニアの雌ドラゴンは、宇宙の混沌である海水でした。彼女の夫のアプスーは淡水でした。このふたつの水が交わり、多くの神々が生まれましたが、やがてその子どもたちがアプスーを殺しました。ティアマトは復讐を誓い、ドラゴンをはじめ、さまざまな怪物を産みました。若い神の一人、マルドゥクがティアマトの洞窟の前で戦いを挑み、口に矢をつきさしました。すると、ティアマトの身体はふたつに裂け、これが現在われわれの知る世界になったのだそうです。

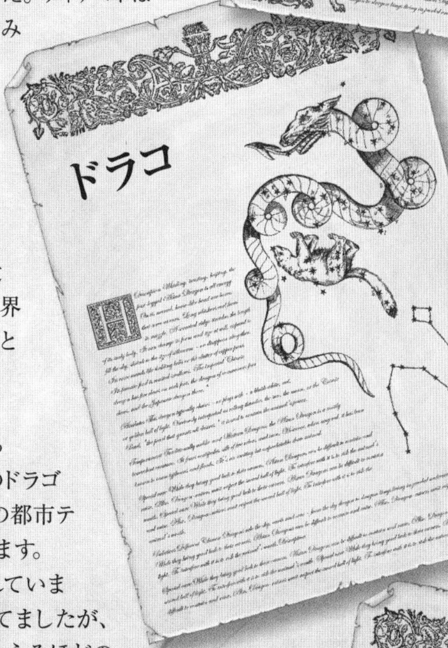

ドラコ

北の夜空の、おおぐま座とこぐま座のあいだ、北極付近で曲がりくねったりゅう座が見えるでしょう。古代から、世界じゅうの人々は、この夜空のドラゴンは自分たちのものだとそれぞれ主張してきました。

・バビロニア人は、これをティアマトだといいました。
・ギリシア人によると、オリュンポスの神々と巨人族が戦っているあいだ、女神アテナが宇宙に投げだしたティタンのドラゴンだそうです。また、ヘラクレスが倒したラドン、ギリシアの都市テーバイを創建したカドモスが殺したヘビだという説もあります。
・北欧では、ミズガルズの大蛇ことヨルムンガンドだとされています。オーディン神は生まれたばかりのこの怪物を海に捨てましたが、ヨルムンガンドは成長し、地球を取り巻き、口で尾をくわえるほどの大きさになりました。
・古代ペルシア人は、人食いヘビのアズデハーだといっています。
・アラブ人には、アル・シュヤ、つまりヘビです。
・後の時代の天文学者は、エデンの園にいた金のヘビだと解釈しました。

ほかに空にいるドラゴンとしては、うみへびのヒュドラ（ヘラクレスに殺されました）と、ペルセウスがアンドロメダを救うために倒した海の怪物セトゥスがいます。

ドラゴンを飼う理由

あなたはなぜドラゴンを飼いたいのでしょうか。もしかしたら、はっきりとした理由があるのかもしれません。ドラゴンを飼ってみようかどうかまだ迷っているかたには、長年にわたってドラゴンの飼い主たちから届いた手紙の一部を紹介しましょう。よく読んでみてください。ドラゴンを飼うもっとも一般的な理由がわかるでしょう。

友として
わたしとドラゴンは、わが家の敷地内を長時間いっしょに散歩します。うまく説明できませんが、わたしたちのあいだには、ふしぎな絆があります。

はい、たしかに、ドラゴン特有の性質や飼育環境に注意を払い、大切に育てれば、一生の友となってくれます。わたしとロウィーナも30年間いっしょに暮らしていますが、今ではロウィーナなしの生活は考えられません。

品評会のため

ドラゴンの品評会はいつでも開催されていますので、ほかの飼い主さんたちにも、参加をすすめています。訓練は、たいへんですが、楽しいです。それに、優勝すると、ドラゴンも、わたしと同じくらいほこらしく思っているようです。

まったく同感です。品評会は、すべての種類と飼い主さんに適しているわけではありませんが、うまくいけば双方にとってもたいへん励みになります。優勝経験をもつわたしのロウィーナがいい例です。

利益のため
ショッピングモールのイベント用にドラゴンを貸し出ししました。お客さん、とくに子どもたちが大喜びでした。

ドラゴンの貸し出しは、いろいろな用途が考えられます。けれど、場合によっては、人間にとってもドラゴンにとっても危険となりうることがあります。以下の３点に留意してください。ドラゴンが協力する気になっているか。イベントに保険はかけてあるか。ドラゴンの安全性。

見張りとして
わたしは地方の大きな家に住んでいます。警備員はやとっていましたが、それでもまだ、身の安全や、富と財産が心配でした。今ではドラゴンがいますから、安心できるようになりました。

この飼い主ほど金持ちでなくても、ドラゴンがいるとなにかと心強いですね。

変わった「ペット」として
ずっとイヌとネコを飼っていましたが、ドラゴンはぜんぜんちがいますね。とにかく大きい！

たしかに、そのとおり。

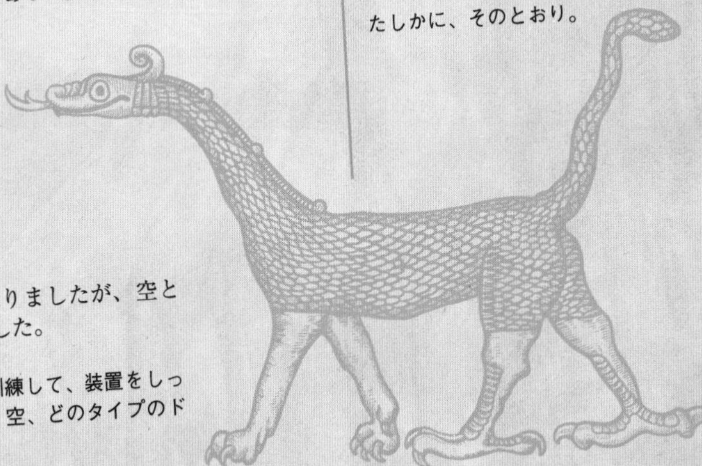

乗りものとして
これまで、ウマ、ダチョウ、ゾウに乗りましたが、空とぶドラゴンがいちばんスリルがありました。

当然のことですが、きちんとドラゴンを訓練して、装置をしっかりつけてくださいね。これは、水・陸・空、どのタイプのドラゴン乗りにもいえることです。

いくつかの注意点

これで、ドラゴンを飼う主な利点はわかってもらえたでしょう。ですが、負担になりかねないことがらもいくつかありますので、念頭に置いておいてください。

費用

簡単にいうと、ドラゴンが大きくなればなるほど、飼育費用がかさみます。大型のドラゴンだと、囲い地と呼ばれる柵で囲った飼育場所（ドラゴンによって、深い洞窟、泉のほとり、川や大きな水場など、棲む形態が異なります）やえさ（ドラゴンは大食漢です）だけでも、多大な費用を要します。大型のドラゴンを飼うのはドラゴンにおしみなく費用を出せる裕福なかたが好ましい、と専門家も述べています。それほど裕福でないかたは、小型品種でがまんするべきです。

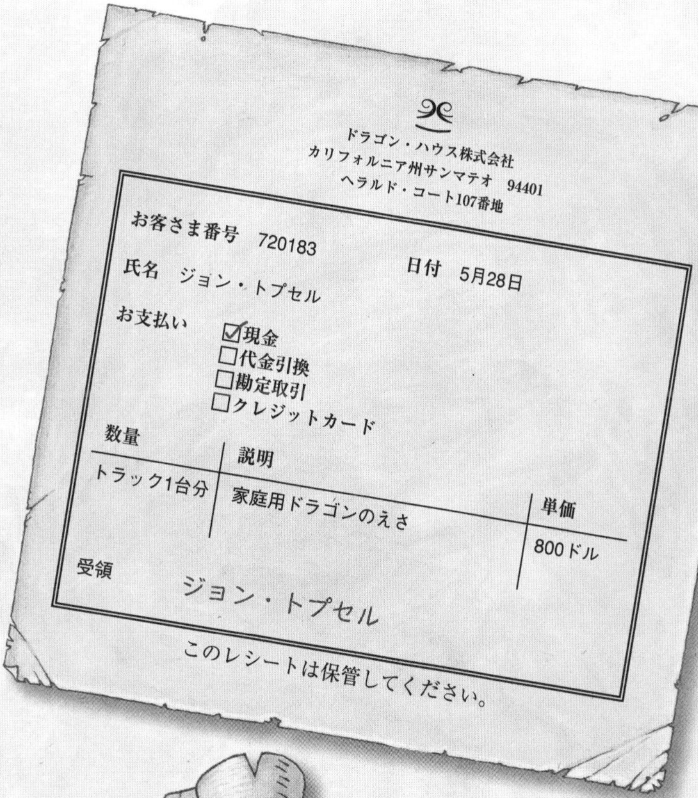
ドラゴン・ハウス株式会社
カリフォルニア州サンマテオ 94401
ヘラルド・コート107番地
お客さま番号 720183
日付 5月28日
氏名 ジョン・トプセル
お支払い
☑現金
□代金引換
□勘定取引
□クレジットカード
数量
説明
単価
トラック1台分
家庭用ドラゴンのえさ
800ドル
受領
ジョン・トプセル
このレシートは保管してください。

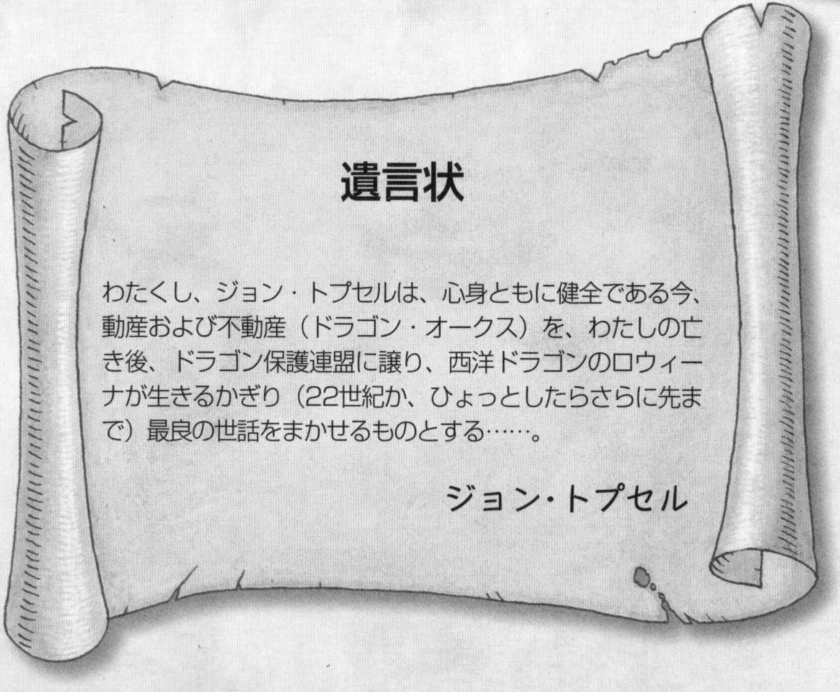
遺言状
わたくし、ジョン・トプセルは、心身ともに健全である今、動産および不動産（ドラゴン・オークス）を、わたしの亡き後、ドラゴン保護連盟に譲り、西洋ドラゴンのロウィーナが生きるかぎり（22世紀か、ひょっとしたらさらに先まで）最良の世話をまかせるものとする……。
ジョン・トプセル

寿命

ドラゴンは何百年も生きるため、あなたのドラゴンも、きっとあなたより長生きするでしょう。つまり、ドラゴンを売らないかぎり、あなたの死後もドラゴンの世話が行き届くよう手はずを整えなければなりません。

特性

ドラゴンは危険にもなりえます。歯は針のようにとがっていて、かぎ爪はナイフのようにするどいのです。炎を吐く種類の場合、飼い主だけでなく、家や財産も燃やしかねません。医療保険および火災保険は必須でしょう。

責任

昔、多くのドラゴンは田舎を破壊したり、村をまるごと滅ぼしたりすることでよく知られていました。もし、あなたのドラゴンにこのような遺伝子が残っていたら、その結果、訴訟をおこされ、破産しかねません。適切な訓練、しっかりした囲い、損害賠償保険は不可欠です。

工事費

パラゴン建設株式会社

計画提出先　ジョン・トプセル
日付　7月29日

設計の明細および見積もりは以下のとおりになります。
丘斜面のドラゴン用洞窟
入り口　高さ4メートル×幅4メートル
洞窟の深さ　30メートル、10メートル×10メートル×6メートルの空間
掘削
支柱
2万ドル
3000ドル
柵　高さ4メートル×長さ100メートル
門　大1個、小1個
鋼杭　直径10センチ、長さ5メートル　30本
コンクリート装置　奥行き1メートル、直径1メートル　30個　7000ドル

離れ家　6メートル×6メートル
耐火壁および屋根
窓　3面、ドア　2面、
配管、電気、暖房装置

2万8000ドル
囲いへの水道の引き込み
合計
1000ドル
見積もりには、人件費および材料費も含まれています。
5万9000ドル

材料は、すべて明記されたとおりであることを保証します。
また、規格に準じて、熟練の職人が作業を最後まで行ないます。

ロバーツ、テイラー＆デイヴィス
法律事務所

ジョン・トプセル様
ドラゴン・オークス
私書箱第731号
カリフォルニア州ジューンズヴィル　96114

トプセル様

貴殿の所有地に生息する動物について、貴殿の隣人、ユージーン・クレイトン氏からの依頼を受け、ここに通知いたします。

先週の土曜日の夕暮れ時、クレイトン氏が帰宅したところ、背中にクリのいがに似たとげをもつ、怪物のような生きものが、花壇に立っていたそうです。その６本脚の生きものは、あわてて逃げだしましたが、その際、バラ用の格子を突き破りました。それから、格子とピンク色のイングリッシュ・ローズをかぶったまま、その生きものは、クレイトン家と貴殿の領地を隔てる塀も壊していきました。

クレイトン氏は、示談での解決を望んでおります。生きものによって発生した被害総額は、物的損害と精神的苦痛を合わせて、1万ドルと計算いたしました。

ドラゴンを飼う意志をたしかめるチェックリスト

　ドラゴンを育てることには、喜びや見返りがありますが、同時に大きな責任もともないます。十分な世話をする覚悟ができてはじめて、ドラゴンを入手する決心をすべきです。さて、あなたはドラゴンを飼うべきでしょうか？　ここに、決断の助けになるチェックリストをあげておきます（本に書きこみたくなければ、コピーをとって書くといいでしょう）。

1

ほんとうにドラゴンを飼育したいですか？

（正直に答えてください。でないと、不幸になるのはあなたとドラゴンです）

はい　いいえ

2

なぜ、ドラゴンを飼育したいのですか？

（ここも、正直に書いてください）

A
友として、見張りをさせるため、そして利益のため。

B
おもしろそうだし、ひまだから。

C
その他。

3

残りの人生をドラゴンといっしょに過ごすつもりですか？

（お忘れなく。ドラゴンは、きっとあなたより長生きします）

はい　いいえ

3で「いいえ」と答えた場合、ドラゴンに十分な住まいを与えることを保証できますか？

はい　いいえ

4

ドラゴンを飼うとしたら、自分の死後にだれがドラゴンの世話をするのか、遺言書の中で取り決める予定がありますか？

はい　いいえ

5

現実的に、ドラゴンを買い、育て、世話する金銭的な余裕はありますか？

（必要な費用は、ドラゴンが小型か大型かによって異なります。また、品種によってもある程度の差が出ます）

はい　いいえ

6

ドラゴンのために適切な囲い地を用意できますか？

（これも、飼うドラゴンの大きさと品種によりけりです。大型ドラゴンは、あなたの敷地――丘、崖、泉、川、私有湖などがあるか――に合わせて選びます）

はい　いいえ

7

ドラゴンが健康かつ幸せに暮らせるために、必要な食事を十分に与えるつもりがありますか？

はい　いいえ

8

ドラゴンに必要な世話、遊び、運動、しつけのために、時間と労力を注ぐことができますか？

はい　いいえ

質問2の答えがAで、それ以外の答えが「はい」であれば、次のページにすすんでください。

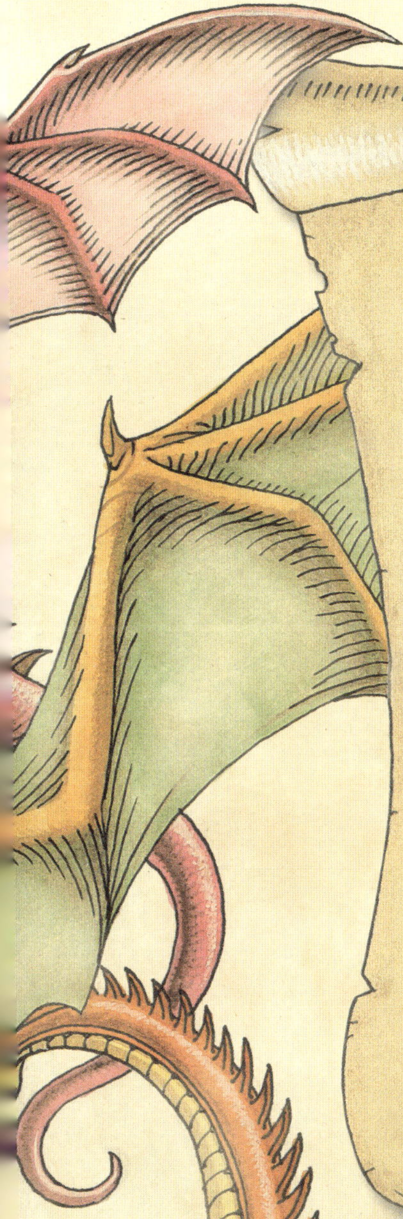

第2部

ドラゴンの品種

おめでとうございます。正直な自己分析の結果、あなたはドラゴンを飼う決心をされました。現在入手可能な品種は多数あります。まずは、よくご検討ください。23ページの血統図に示されるとおり、これらすべてのドラゴンは、太古の物語において混沌から生まれ、世界をとりかこむようになった宇宙のドラゴンの子孫です。この章では、現代のさまざまなドラゴンの品種を紹介していきます。そのなかできっと、あなたのお気に入りが見つかるでしょう。

品種の系譜

古代の絵に描かれたウロボロスは、自分の尾をくわえ円形になったドラゴンです。昔から、循環する時間や、永遠を象徴します。現代の品種も起源をさかのぼれば宇宙のドラゴンにいきつきます。それを表現するために、ここでは地図の縁どりに用いました。

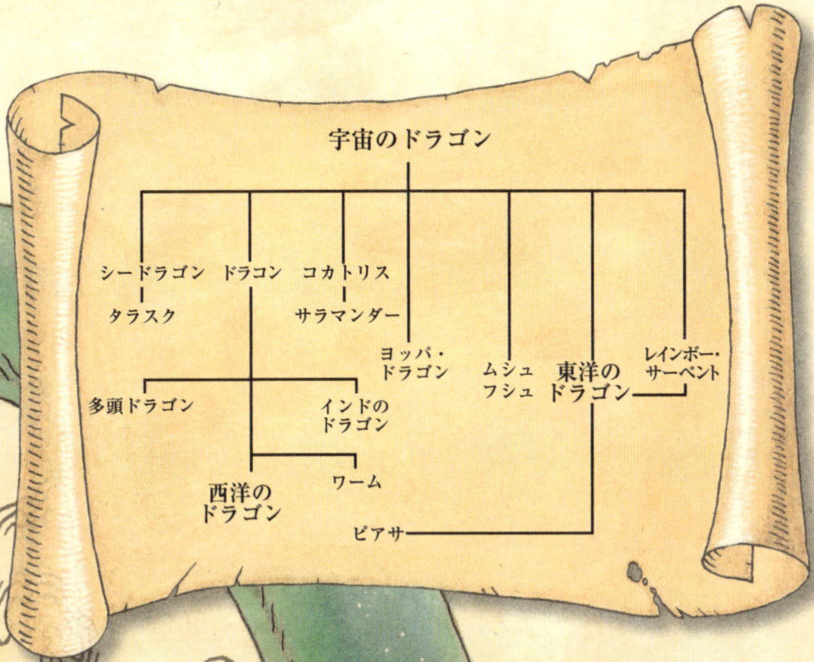

この図に登場する現代のドラゴンは、古代品種の子孫です。ここ千年にわたって地上、空、海を徘徊した、数えきれない種類のドラゴンのうち、ほんのひとにぎりにすぎません。すべてが純然たる「は虫類」のドラゴンではないにしても、まぎれもなくドラゴンです。なお、ヨッパ・ドラゴンとレインボー・サーペントを扱っているブリーダーはありません。

中国のドラゴン

特徴

1　うろこにおおわれた、しなやかな体
2　つの
3　機能しない耳
4　馬に似た頭
5　宇宙の真珠
6　ひげ
7　ほ乳類の肉食獣の歯
8　4本の脚
9　それぞれの足に、5本のかぎ爪

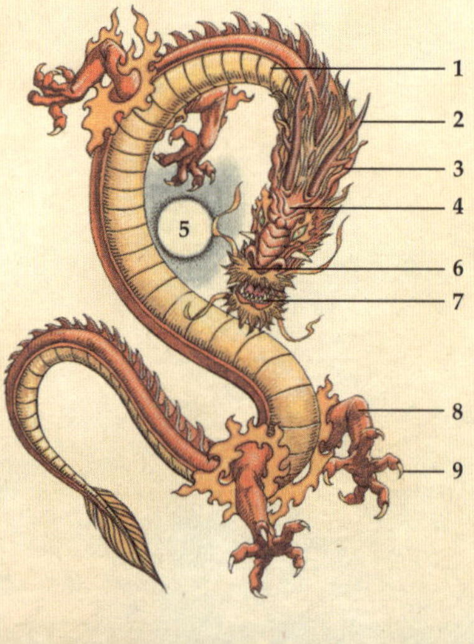

空生《スカイ》ドラゴンと似ているもの

古代中国の記述によると、空生ドラゴンは、頭はラクダ、つのはシカ、目は鬼、耳は雄牛、首は大蛇、腹はシン(巨大ハマグリ)、うろこはコイ、かぎ爪はタカ、足はトラに似ていたそうです。

東洋のドラゴン

ドラコ・アジアティクス

　すべてのドラゴンの種類のなかで、もっとも活発なのが、この東洋のドラゴン（龍）です。喜びにあふれる天候の支配者であり、雲、雨、雷、稲妻をつかさどります。うろこをもつ生きものすべての王であり、中国では四霊獣のひとつとされ、十二支のひとつでもあります。古代の皇帝は、自らをこれらの霊獣の生まれ変わりといっていました。宇宙のどこかには、現存するドラゴンの数を記した銘板があるといわれています。

解説　旋回したり、身をよじったり、跳んだり、4本の脚をもつ東洋のドラゴンはエネルギーにあふれています。馬に似た頭をもち、たてがみの上のつのは耳のかわりです。鼻面からは、長い巻きひげがはえています。うろこ状の背中のはしからはしまで、ぎざぎざがついています。自由に姿を変えることができ、空をおおいつくすくらい大きくなったり、蚕ほどの大きさに縮んだり、あるいは、姿を消すこともできます。声は鈴の音のようだとも、銅の鍋をぶつけ合うような音ともいわれます。好きな食べものは、ツバメの丸焼きです。一般的なドラゴンは足のかぎ爪が4本、日本のドラゴンは3本ですが、中国のドラゴンには5本あります。

特性　このドラゴンは典型的に、青白い、赤い、あるいは金の光の玉を追いかけたり、戯れたりしています。とどろく雷、太陽、月、「すべての望みを叶える真珠」である宇宙の真珠など、この玉の解釈は多岐にわたります。そして、ドラゴンの力はここに入っているそうです。

気質　昔から、ほとんどの西洋のドラゴンとちがい、東洋のドラゴンはおおむね慈悲深い生きものです。ムカデ、五色の絹、鉄を恐れます。けれど、怒ると、台風や洪水を引きおこすという話です。

特記事項　東洋のドラゴンの卵を購入することは可能です。しかし、このドラゴンは姿と大きさを変える能力をもっていますから、普通の意味で収容したり、育てたりすることは、現実的に不可能です。それでも、東洋のドラゴンをあなたの私有地にうまくおびきよせ、友となる特別な方法はあります（73、102、106ページを参照）。

仲間　東洋のドラゴンの仲間は、空生《スカイ》ドラゴンから、宝をちりばめた海底宮殿に棲む竜王までさまざまであり、空、陸、海を支配しています。

生息地

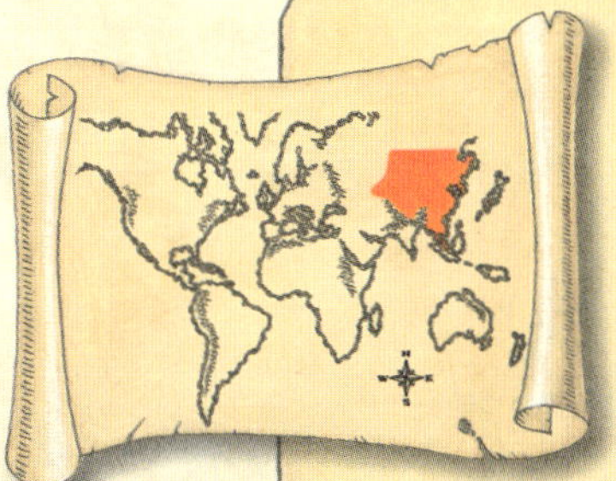

東洋のドラゴンの起源はおそらくインドでしょう。中国から、日本や東南アジアまで広がっています（ゾウが生きものの王であるタイは例外です）。

卵

東洋のドラゴンは、真珠のような卵の殻のなかで、3000年すごします。孵ると、すぐに成体の大きさまで成長します。

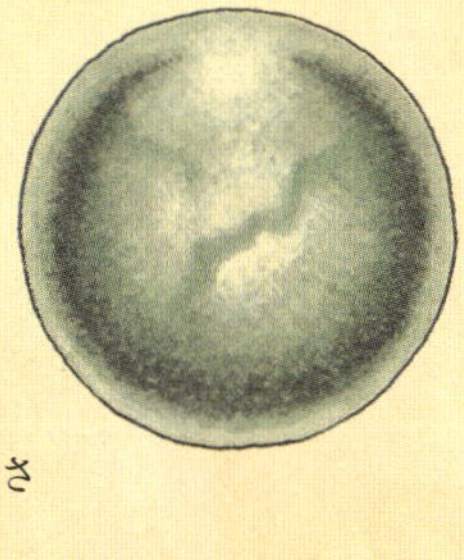

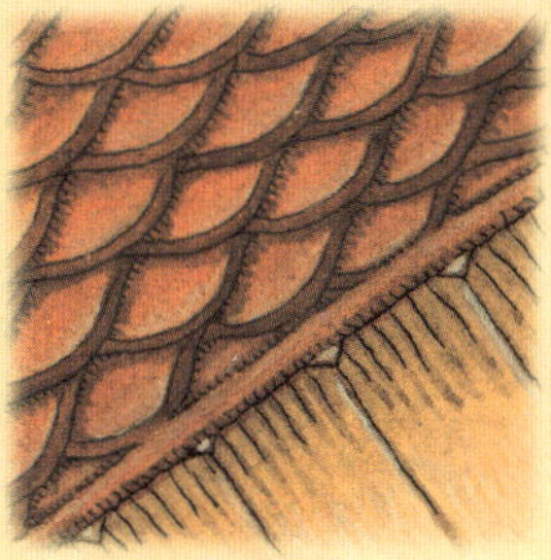

表皮

うろこのある表皮。だいたい、赤か青です。

体長／体の大きさ

蚕くらいの大きさから空をおおいつくすほどの大きさまで変わります。

コカトリス

ドラコ・バジレウス

コカトリスの現代種は、おそろしいバジリスクから進化しました。それでも、少数のドラゴン飼育者に人気があります。ぞっとするような奇妙な姿をしていますが、今の種類は無害で従順です。先祖であるバジリスクと異なり、有毒な息すら、熱狂的なファンにはたまらないようです。

解説　古い記述には、コカトリスの先祖バジリスクは、頭部に王冠のような白い斑点がついたヘビだと説明してあります。この模様から、「王」を意味する名前がつけられました。体長は30センチ足らずで、小型のヘビの王とされてきました。繁殖がすすむうちに、体が大きくなり、姿も変わっていきました。やがて、王冠のようなとさか、オンドリの頭、体、脚、膜のようなドラゴンの翼、ヘビに似た長い尾をもつ、奇怪な姿のコカトリスになったのです。

血統　バジリスクは、リビアでメデューサの頭に生えているヘビの血から生まれたといわれています。毒の息は、すべての植物を枯らし、森林地帯を砂漠に変え、上空を飛んでいる鳥さえも殺したそうです。馬に乗った騎士がバジリスクを槍で刺すと、その猛毒は槍を伝って騎士だけでなく馬までも殺しました。しかし、こんな怪物も倒すことができました。盾や鏡に映る自分の姿を見ると、死んでしまうのです。また、イタチがバジリスクの匂いにひきつけられてその巣に入ってくると、双方は死ぬまで戦いつづけます。

生息地

リビア、ヨーロッパ

卵

コカトリスは、7歳のオンドリが産んだ丸い卵から生まれます。ヒキガエルかヘビが9年間あたためたのち、卵は孵ります。

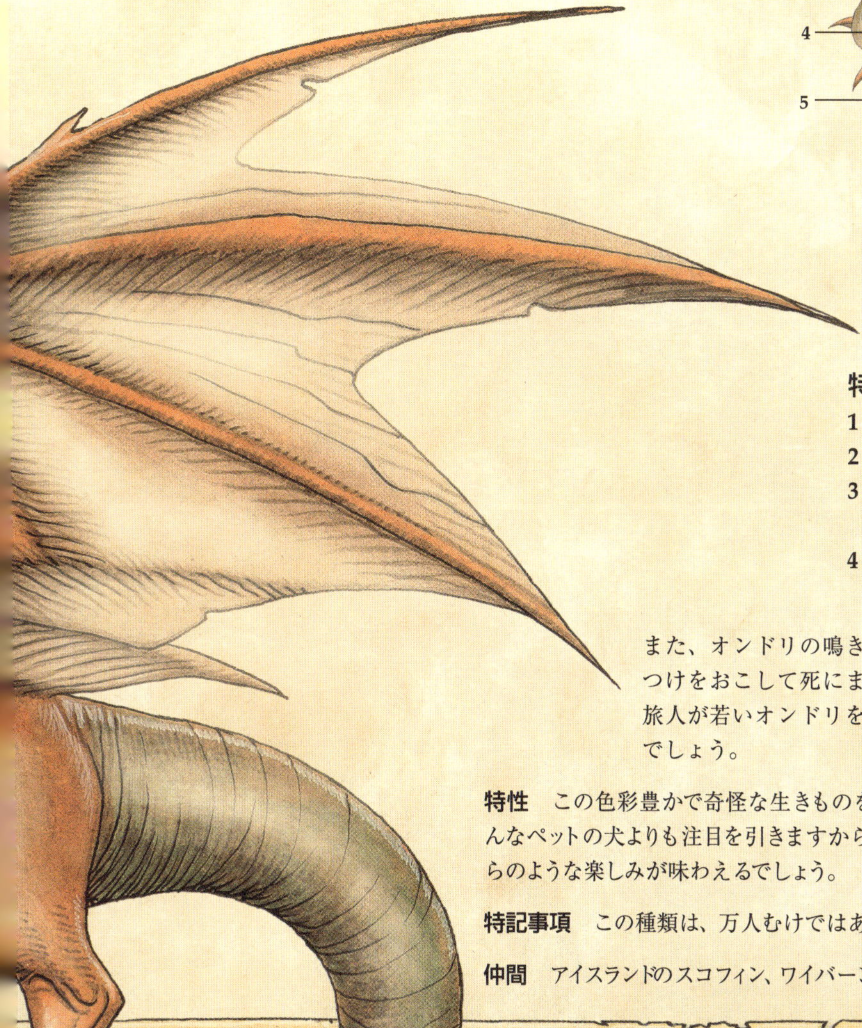

特徴

1 とさか
2 オンドリの頭
3 視線で相手を殺すことができる
4 有毒な息
5 オンドリの首
6 オンドリの脚
7 うろこのあるヘビの尾
8 膜のように薄い翼

また、オンドリの鳴き声を聞くと、バジリスクはひきつけをおこして死にます。リビアの砂漠を果敢に進む旅人が若いオンドリを連れていくのはごく当然のことでしょう。

特性　この色彩豊かで奇怪な生きものを綱につないで通りを歩けば、どんなペットの犬よりも注目を引きますから、コカトリスの飼い主にはいたずらのような楽しみが味わえるでしょう。

特記事項　この種類は、万人むけではありません。

仲間　アイスランドのスコフィン、ワイバーン

表皮

色あざやかなオンドリの羽毛

体長／体の大きさ

標準的なオンドリの大きさ

インドの山ドラゴン

特徴

1 炎のようなとさか
2 輝く目
3 頭蓋骨にドラコンス（力の源である宝石）
4 あごひげ
5 2本の脚
6 うろこ
7 収縮する体
8 翼

インドのドラゴン

ドラコ・インディクス

　額に魔法の宝石が埋めこまれているため、古代の驚異の地において、インドのドラゴンはどん欲なハンターに狙われていました。また、この種族の多くは自然界の天敵と戦ったすえ、死にました。しかし、インドのドラゴンの子孫たちは、この生きものの宝石に魅了されたドラゴンの飼育者のあいだでいまだに需要があります。

解説　インドのドラゴンは大きなヘビです。沼地に生息する種類と、山に棲む種類があります。沼地に暮らす種類は、動きがのんびりしていて、体は黒色です。ドラゴン飼育者に人気の高い、山に生息する種類は、敏捷で、炎のようなとさか、あごひげ、輝く目、きらきらした金色のうろこをもっています。２本の脚と翼のある種類もいます。どの種類も、毒はもっていません。尾の力が強力です。

特性　このドラゴンの頭部に埋めこまれている神秘的な宝石は、ドラコンスと呼ばれています。癒しの力をもつ魔法の石で、ドラゴンの目が輝くのはこの石のためです。ハンターは宝石を手に入れるためにこのドラゴンを殺しますが、飼育者は、ドラゴンより長生きでもしないかぎり、宝石を見るだけで満足しなくてはなりません。

習性　山ドラゴンの先祖は、岩や木の上で待ち伏せし、ふいうちで獲物におそいかかることで知られていました。このドラゴンの天敵はゾウでした。ドラゴンは収縮する長い体でゾウに巻きつきました。絞めつけられて消耗したゾウは、死ぬときに倒れながらドラゴンを押しつぶしました。

特記事項　現在のインドのドラゴンも、本能的にゾウに興味を持ちます。山がちな、森のある囲い地に、実物大のゾウのぬいぐるみを置けば、ドラゴンは喜んで遊びますので、いい運動になるでしょう。

血統の見きわめ方　いつでも目のかがやきで血筋を判断します。

仲間　エチオピアのドラゴン

著者メモ
わたしの机の上には、数年前ボンベイ(現在のムンバイ)で購入したドラコンスがあります。これを手に入れてから、わたしは病気にかかったことがありません。

生息地

インド

卵

色はゾウに似たグレー

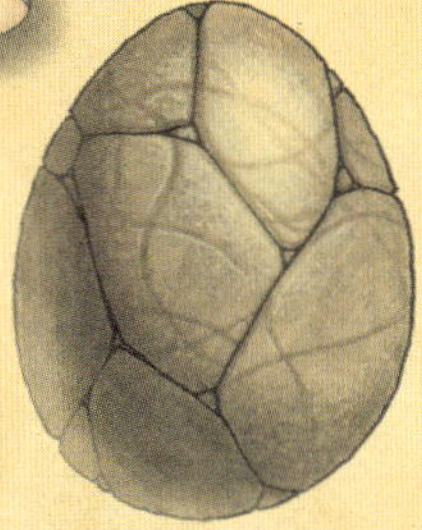

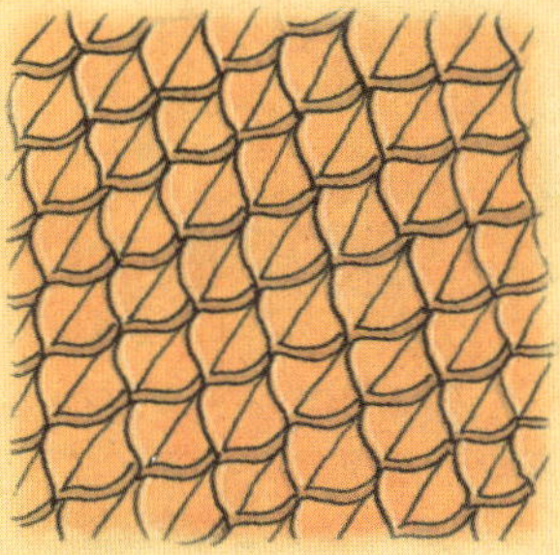

表皮

うろこがあり、金色

体長／体の大きさ

ゾウの３倍

ドラコン

ドラコ

古代ギリシア人にとって、ドラコンは巨大ヘビのことでした。目がするどく、太古からの知恵をもっていた、この品種のはるか昔の祖先は、聖なる泉と財宝の守護者として有名でした。神官の口を介して話すものもいました。

解説　ギリシアのドラコンには脚も翼もありません。とさか、３列に並ぶ歯、先が３つに分かれた金色の舌をもつ場合もあります。目は燃えるように光っています。このドラゴンは毒性があり、かわいた硬いうろこで何重にも巻きついて敵をくだきます。一方で、牛乳とはちみつケーキが大好きです。

血統　神々と結びつけられるドラコンは、ドラゴンの品種のなかで、もっとも高貴な祖先をもつもののひとつです。ドラコンのピュトンは、パルナッソス山にある泉のほとりに棲んでいましたが、アポロンが矢を放って殺し、神託をさずけるデルポイの神殿を建てました。のちに、この神託によって、カドモスは都を築く場所を見つけます。冒険の旅の終わりに、彼は泉にいたドラコンのところへ着きました。ドラコンを殺すと、女神アテナは彼に、ドラコンの歯をまくようにいいました。いわれたとおりにすると、そこから、闘う戦士たちが生まれました。そして、生きのこったものたちが、

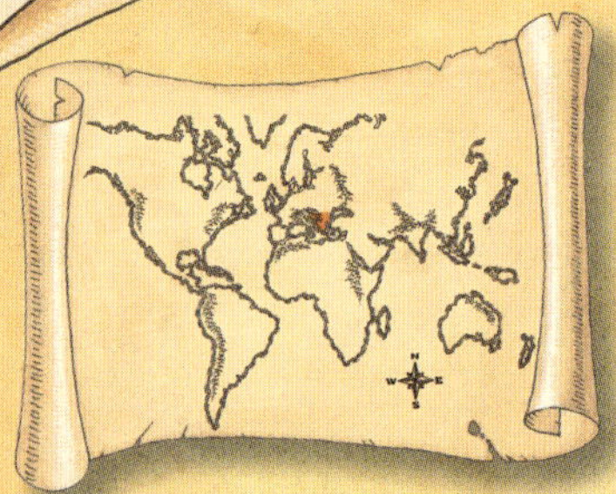

生息地

ギリシア（デルポイとテーバイ）。また、はるか昔には、黒海の東海岸にあったコルキス王国にもいました。

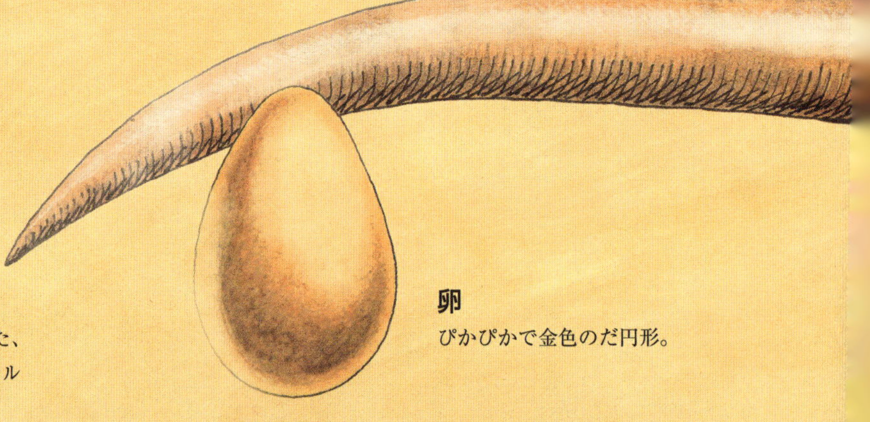

卵

ぴかぴかで金色のだ円形。

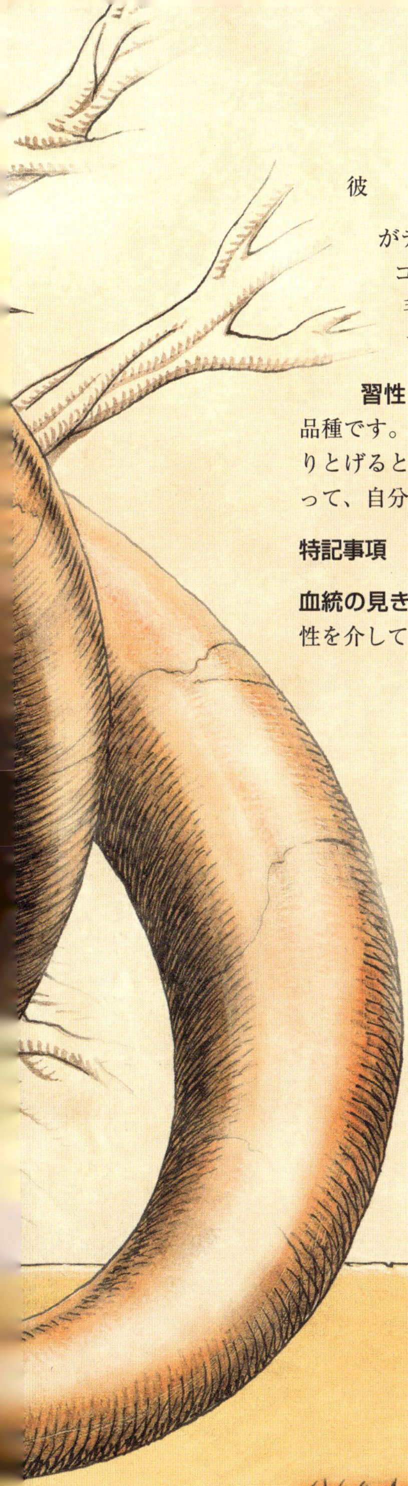

彼

がテーバイの都を築くのをたすけました。また、アテナは、このドラゴンの歯をイアソンに与えました。そして、コルキスにある金の羊毛を、守り手のドラコンが眠ったすきにみごと手に入れる旅のとちゅうで、イアソンはその歯をまきました。

習性　ドラコンはドラゴンの飼育者にとって、ひじょうに価値のある品種です。なぜなら、なみはずれた知識をもち、忠実に——いつもうまくやりとげるとはかぎりませんが——人の宝を守るからです。ほかの品種とちがって、自分で宝をためこむことはしません。

特記事項　ドラコンを育てるには、敷地内に泉がなければいけません。

血統の見きわめ方　品評会では、ドラコンは、あなたが巫女として選んだ女性を介して話す可能性もあります。

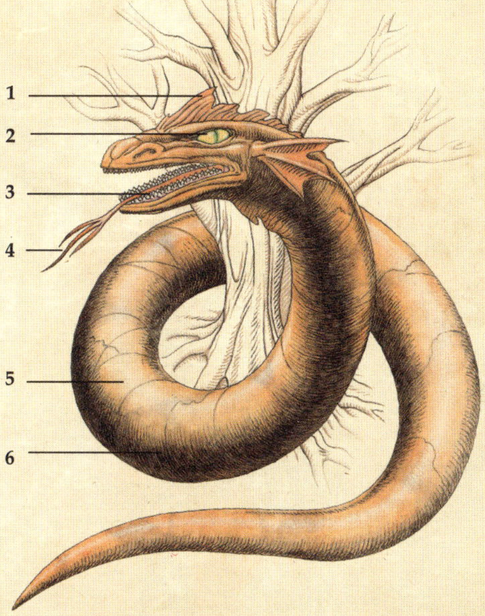

特徴

1 とさか
2 するどく、用心深い目
3 3列に並ぶ歯
4 先が3つに分かれた金色の舌
5 かわいた硬いうろこ
6 とぐろを巻く体

体長／体の大きさ

古代の著述家は「こぎ手が50人のれる船よりも大きい」と描写しています。

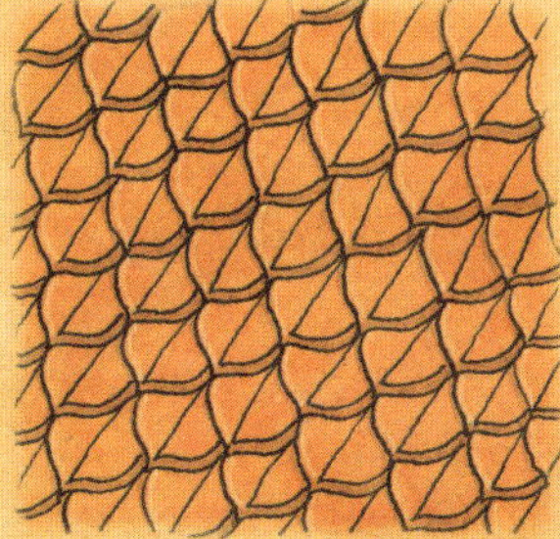

表皮

かわいた硬いうろこ

セトゥス（くじら座）について

- 古代ローマでは、セトゥスの骸骨は飾りにされていました。
- アンドロメダがつながれた鎖の跡は、ヨッパの海岸のある岩に、今でも残っています。
- ペルセウス、セトゥス、アンドロメダ姫、そして、アンドロメダの両親のカシオペア王妃とケペウス王は、星座として知られています。

特徴

1 セイウチに似た鼻
2 燃えるような目
3 とさか
4 巨大な体
5 とぐろをまくうろこのある尾
6 ひれ足
7 きば

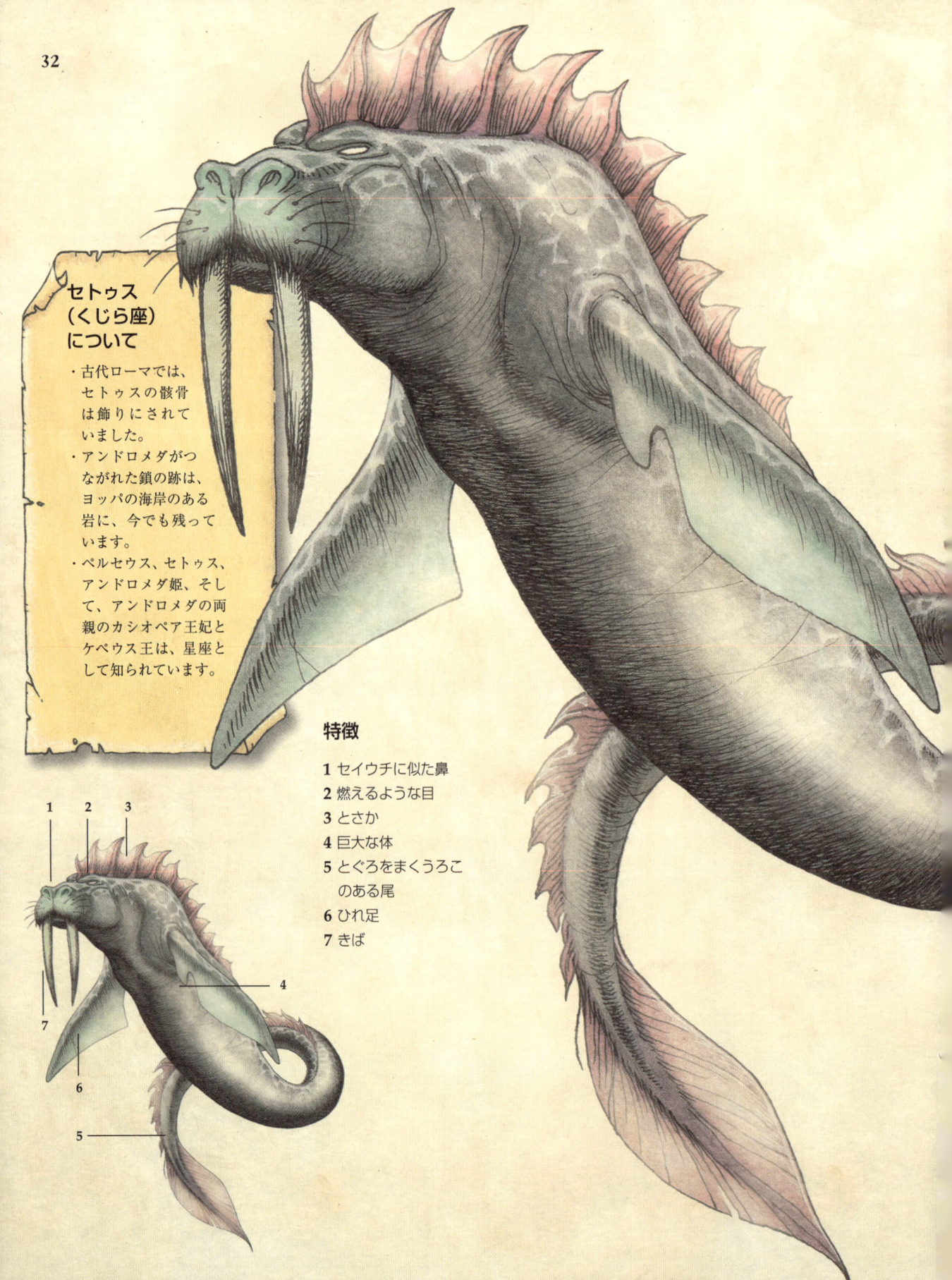

ヨッパ・ドラゴン

ドラコ・セトゥス

ドラゴンの品種カタログは、歴史上もっとも有名な２つの品種抜きには完成しません。それぞれペルセウスと聖ジョージに倒されたこれらの怪物は、その習性と棲息場所が似ています。それ以後、地中海東部での目撃情報がありますが、ひじょうに危険な種類であるため、取り扱おうという業者はいません。

解説　この水生の怪物について言及している古い記述をいくつか読むと、細かい点では差はあるものの、セトゥスという名前の雌の怪物は、巨大で、くじらのような形をしていたという点でほぼ一致しています。真っ赤なとさか、燃えるような目、セイウチに似た鼻、キバ、ひれ、そしてどんなものも貫くことのできないうろこでおおわれ、とぐろを巻く尾をもっています。沼地に生息するこの怪物の仲間は、ワニのような短い脚で地上にはいあがるといわれています。

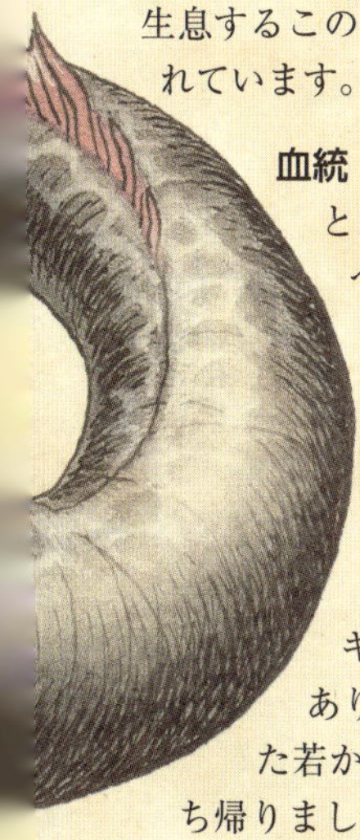

血統　まったく別のドラゴンといってもいいほど異なる２種ですが、ともに古代フィリスティアの地中海東部にあったヨッパという町へくる運命でした。英雄ペルセウスは、翼のついた靴で空を飛んで帰路にあったとき、岩に鎖でつながれた生けにえのアンドロメダに、海から現われた怪物がおそいかかろうとしているのに気づきました。ペルセウスは怪物の厚い表皮になんども剣を突きさし、アンドロメダを助けました。

その伝説の場所からほんの数キロはなれたところに、のちにイギリスの守護聖人になった聖ジョージ（聖ゲオルギウス）の墓があります。沼ドラゴンに娘が生けにえにされるところに通りかかった若かりしジョージの話を、ヨッパで戦った十字軍がヨーロッパに持ち帰りました。ジョージがこの悪魔を槍で倒したあと、娘はそれを町に連れていき、そこで怪物は町の人の手で殺されました。

習性　この２頭のドラゴンと、ふたりの英雄の行動が似ているのはあきらかですので、あらためて指摘するまでもないでしょう。

気質　これも、わざわざいうまでもないでしょう。

特記事項　昔からの習わしで、ブリーダーは、セトゥスと沼ドラゴンを取り扱う際、ほかのドラゴンの品種といっしょにしないようにいわれています。

生息地

パレスティナの古代都市ヨッパ

卵

赤みを帯びた色、セトゥスの泳ぐ動きに似た模様。

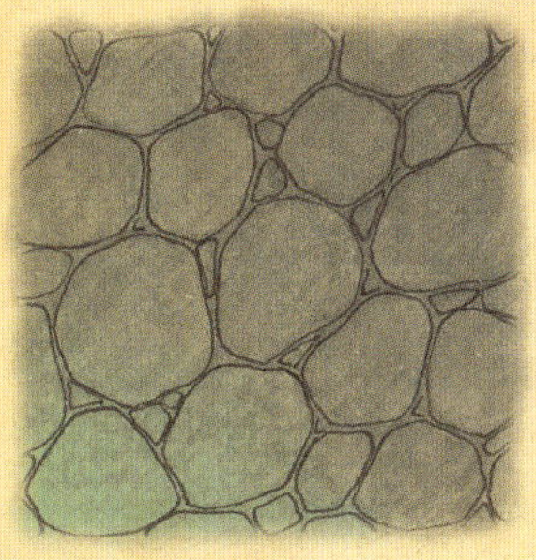

表皮

硬くて重いうろこ

体長／体の大きさ

シロナガスクジラとほぼおなじ長さ。20-30メートル。

特徴

1 ヘビの頭、数はまちまち
2 うろこにおおわれた長い首
3 毒のあるキバ
4 先の分かれた舌

ヒュドラ

多頭ドラゴン

ドラコ・ヒュドラス

多頭ドラゴンは、ドラゴンのなかで、もっとも見た目が不快であるため、ほしがる飼育者はほとんどいません。ギリシアの取扱業者によると、これまで販売した数少ない大型の多頭ドラゴンは、サーカスの見世物か、古代ものの冒険映画に登場したそうです。小型のほうがおそろしくないため、売れゆきはまだいいそうです。

解説　総称を見れば、このドラゴンの顕著な特徴がわかります。曲がりくねる長い首からのびているヘビの頭の数はさまざまですが、7か9がもっとも一般的です。その頭から、先の割れた舌をちろちろ出して威嚇するとき、むかつくようなけむりを吐きます。

血統　このドラゴンは、多頭のテュポンと、上半身が女で下半身がヘビだったエキドナから生まれた怪物の子どもに始まり、変則的な血統を先祖から受けついでいます。テュポンとエキドナからは、ライオンとヤギとヘビの頭をもつキマイラ、3つ頭のケルベロス、ヘラクレスに倒された多頭ヘビ、レルネのヒュドラなどが生まれました。このギリシアの有名な英雄ヘラクレスは、100の頭をもつラドン、タコに似た怪物スキュラなど、ほかの多頭怪物も倒しました。また、同様の多頭ドラゴンには、ヨハネ黙示録に登場する、7つの頭に冠を戴き10本の角をもつ赤い大きなドラゴンがいます。大天使ミカエルとその御使いたちがこのドラゴンとその僕《しもべ》を天から投げ落としました。

気質　わたしの友人である精神科医が、多頭ドラゴンが現在の品種でも凶暴になりやすいわけを教えてくれました。かれらは、いまわしい品種に生まれたことに、生涯、深い怒りを抱いているのだそうです。かれらをしつけることは困難です。

特記事項　大型の多頭ドラゴンを貸し出す際は、厳重な用心をしなければなりません。小型の場合、それぞれの顔に口輪をはめるべきです（むずかしい作業ですが）。また、小型のものはほかに飼っているペットに攻撃されないよう、守らなければなりません。頭がひとつ噛みちぎられると、そこから2つの頭が生えてくるからです。

生息地

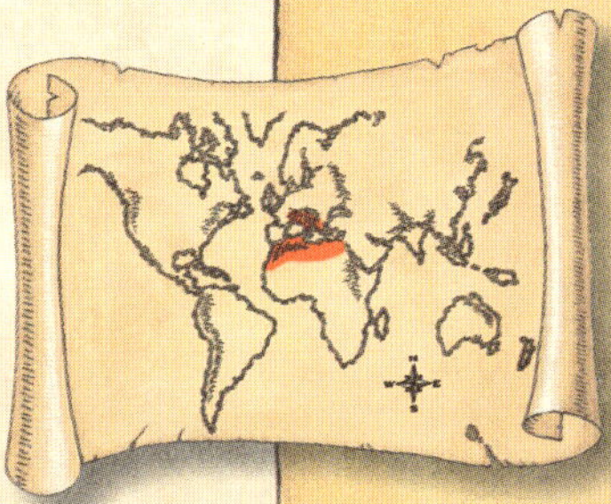

ギリシア（ヒュドラ）、イタリア（スキュラ）、アフリカ北東部（ラドン）

卵

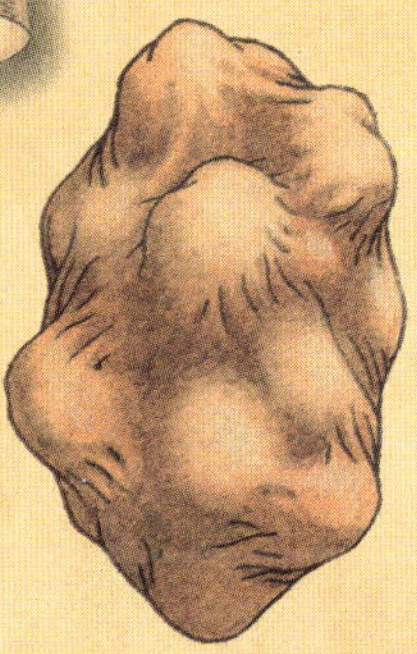

やわらかい茶色の殻。表面がでこぼこしている。

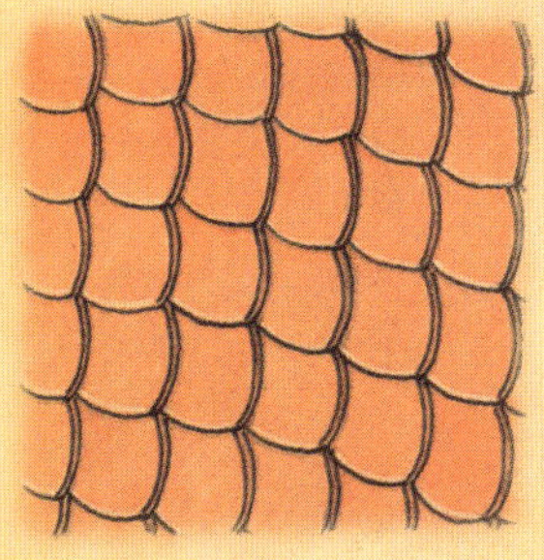

表皮

うろこ状だが、しなやか

体長／体の大きさ

ギリシアの英雄の倍の大きさから100倍の大きさまで、さまざま

ムシュフシュ

ドラコ・バビロニクス

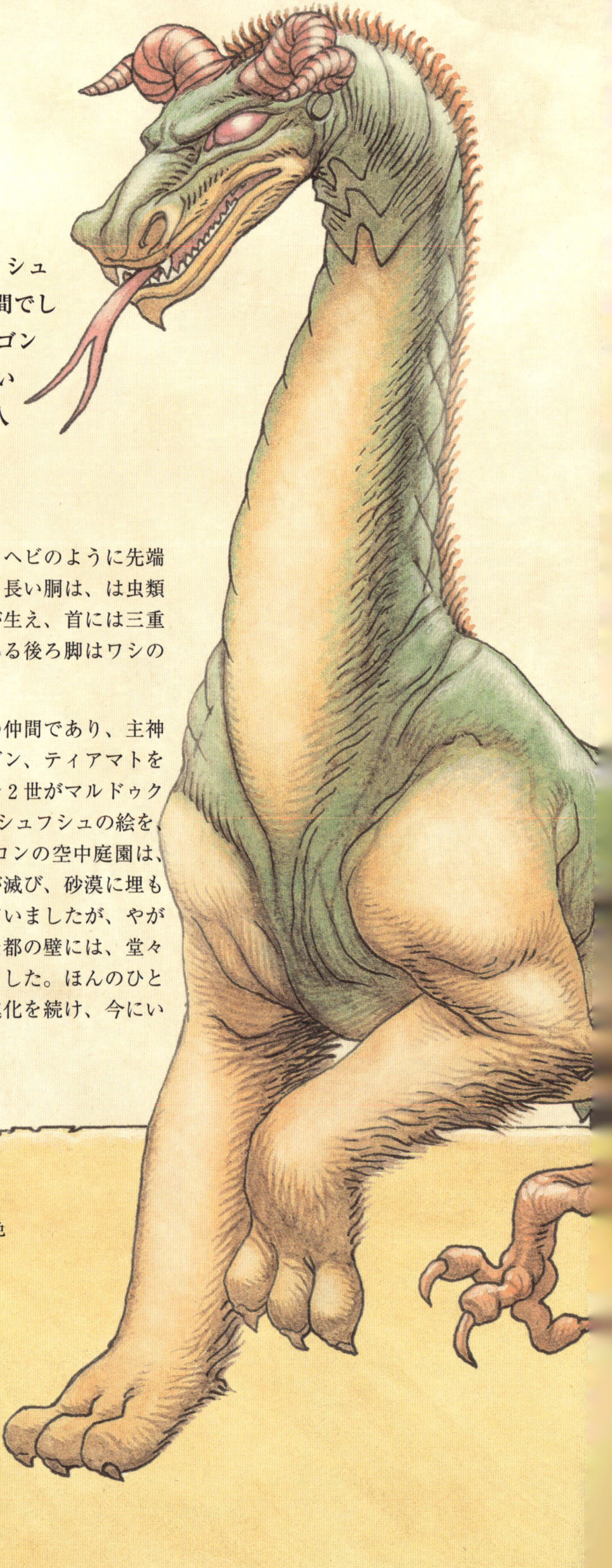

　バビロンのイシュタル門に描かれているムシュフシュ（またの名をシルシュ）は、神々の守護者であり、仲間でした。最古の品種のひとつとされ、もっとも忠実なドラゴンです。一般的なドラゴンというより、小型の馬に似ていて、脚が長く優雅で、ドラゴンの飼育者のあいだで人気があります。

解説　ムシュフシュは数種類の動物が混じったものです。ヘビのように先端が分かれている舌を持ち、長い首と尾はヘビのものです。長い胴は、は虫類のうろこにおおわれています。頭には曲がりくねった角が生え、首には三重のひだがついています。前脚はライオンの脚、かぎ爪のある後ろ脚はワシの脚です。

血統　現代のムシュフシュの祖先は、バビロニアの神々の仲間であり、主神マルドゥクの聖獣でした。マルドゥクは強大な雌のドラゴン、ティアマトを殺し、その体から天と地を創造しました。ネブカドネザル２世がマルドゥクを称えて宮殿を造ったとき、ライオンやウシとともに、ムシュフシュの絵を、偉大なるイシュタル門と聖道に描きました。有名なバビロンの空中庭園は、古代世界における七不思議のひとつとされています。都が滅び、砂漠に埋もれたあと、2000年ほどのあいだムシュフシュは忘れられていましたが、やがてドイツの考古学チームが都を発掘しました。再建された都の壁には、堂々と闊歩するムシュフシュの像が再び見られるようになりました。ほんのひとにぎりだけ生存していたムシュフシュが、そのときから進化を続け、今にいたります。

生息地
イラク

卵
うろこがあり、緑色

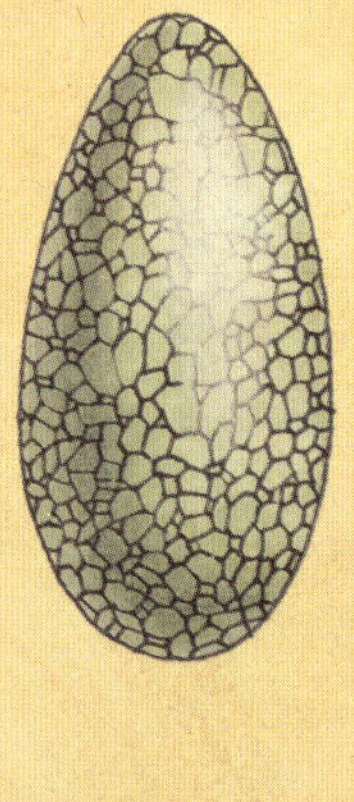

特性　ムシュフシュは忠実な仲間であり、守護者にもなり、また子どもとも仲よくなれます。神聖な血統と、威厳ある身のこなしのため、ドラゴンの品評会ではたびたび優勝しています。

特記事項　この高貴なドラゴンには、宮殿のような住まいと、配慮の行き届いた手入れがふさわしいでしょう。

仲間　秘密動物学者は、恐竜の生き残りといわれるモケレ・ムベンベもムシュフシュの仲間だといっています。

特徴

1 曲がった角
2 先の分かれた舌
3 うろこにおおわれた体
4 ライオンの前脚
5 ライオンの足
6 三重のひだ
7 ヘビの首（前）
8 なだらかに隆起している首（後ろ）
9 ヘビの尾
10 ワシの後ろ脚
11 ワシのかぎ爪

表皮
緑と金色の、細かいうろこ

体長／体の大きさ
若い雄牛とほぼおなじ体高

ピアサ

ドラコ・ピアサラス

ドラゴンの品種のなかで、いちばん奇怪な姿をしているのがピアサでしょう。まるで、神がいろいろな動物の部分を選び、この生きものにすべて集めたかのようです。大型のピアサはおそろしいですが、小型のものは珍しがられます。なんにせよ、この品種は、ドラゴンの飼育者のあいだでカルト的な人気があります。

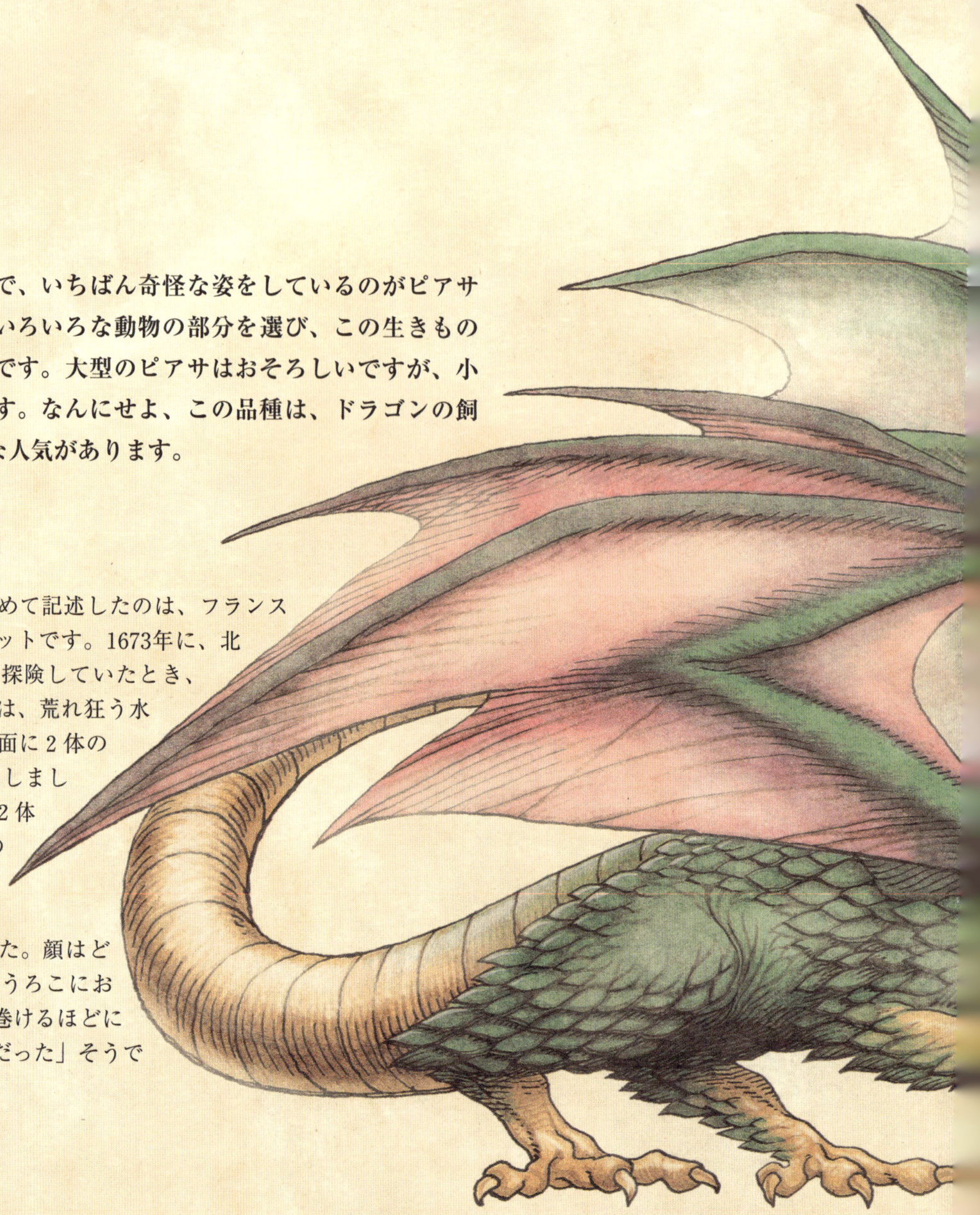

解説　ピアサについてはじめて記述したのは、フランス人宣教師ジャック・マルケットです。1673年に、北アメリカのミシシッピ川を探険していたとき、彼と仲間のルイ・ジョリエは、荒れ狂う水面のはるか上にある崖の側面に２体の異様な生きものの絵を発見しました。赤、黒、緑で描かれた２体の生きものは、「子牛ほどの大きさで、目は赤く、トラのようなひげをたくわえ、恐ろしい外見をしていた。顔はどことなく人間に似て、体はうろこにおおわれ、尾は体をぐるりと巻けるほどに長く、その先端は魚のようだった」そうです。

生息地

アメリカ合衆国（イリノイ州）

卵

なめらかな卵に、
うずまき状の模様

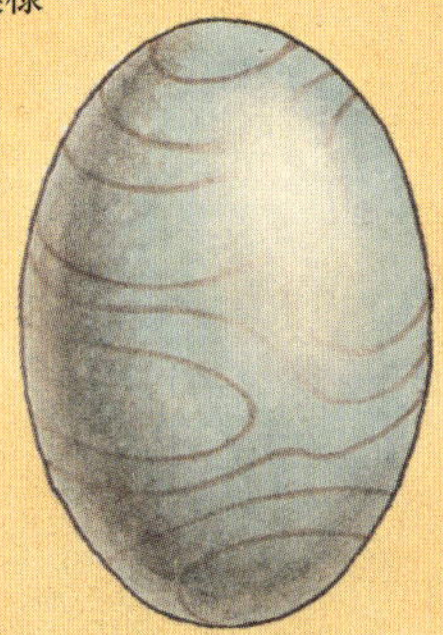

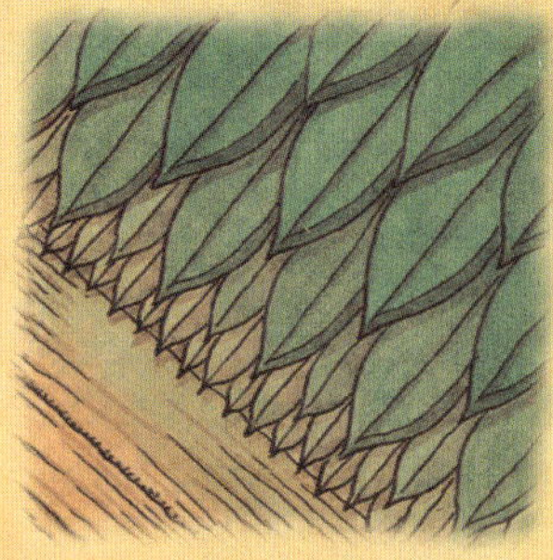

表皮

緑と金色のうろこ

血統　地元のアルゴンキン族はこの怪物を「ピアサ」と呼びますが、これは「人をむさぼり食う鳥」という意味です。伝説によると、人間をさらうため、戦士が待ち伏せて襲い、毒矢で殺したそうです。もともと岩に描かれていたピアサの絵は、オールトンという町のそばにありましたが、今ではもうありません。けれど、川を見おろす断崖の上に絵が復元され、この合成怪物のピアサはそこからにらみをきかせています。

気質　イリノイのアルゴンキン族をふるえあがらせたピアサですが、長年にわたって慎重に品種改良したおかげで、その威圧感は弱まりました。はじめて品評会に出場したとき、大型のピアサを見て観客は恐れましたが、小型のものはたちまち人気者になりました。

特記事項　完全に成長したピアサに理想的な囲い地は、荒れくるう川の上に崖があるところです。小型用の設備は、ドラゴン部屋のなかでもつくれるでしょう。

仲間　北アメリカの角のあるヘビ、中国と日本のドラゴン

特徴

1 がんじょうな翼	**4** 枝角	**7** かぎ爪のついたワシの脚
2 赤い目	**5** キバ	**8** うろこにおおわれた体
3 人間のような顔	**6** ひげ	**9** 長い、サソリのような尾

体長／体の大きさ

マルケット神父は、絵のピアサは子牛ほどの大きさだったと述べています。ほかには、体長は4.5メートル、尾の長さは少なくとも15メートルだったという記述もあります。成長したピアサは、後者の大きさに近いです。

著者メモ

何年か前に、はじめてオールトンを訪ねたとき、ボートで地元のかたに案内していただき、マルケット神父が説明した怪物の絵の復元されたものを見ました。

特徴

1 紫
2 藍
3 緑
4 黄
5 オレンジ
6 赤
7 青

レインボー・サーペント

ドラコ・アルクス

世界じゅうの人々にあがめられ、そしてときにはおそれられているレインボー・サーペントは、ドラゴンの品種のなかでもとびきり壮大なものです。霧がかかった空や、暗がりの空に、輝きながら孤を描く七色のドラゴンを、だれもが見たことがあるでしょう。残念ながら、このドラゴンは檻などに収容できないため、扱えるブリーダーはいません。けれど、レインボー・サーペントがみなさんの敷地内をおとずれることはあるでしょう。わたしのところにも、ときおり現われます。

解説　レインボー・サーペントは、ひじょうに大きくて美しく、七色のしま模様がついた、ニシキヘビのような生きものです。オーストラリア産のレインボー・サーペントの頭は、カンガルーに似ています。マレーシア、南太平洋、アメリカ大陸、コンゴ、西アフリカなどにも、このドラゴンは生息しています。

血統　アボリジニが約6000年前、オーストラリアの大地をわたり、山、谷、湖、川をつくったというレインボー・サーペントを描いています。また、アイド・フウェドという別のレインボー・サーペントが、西アフリカを形作ったといわれています。レインボー・サーペントは、女神マウがはじめて創りだした生きものであり、今でも海底にとぐろを巻いて横たわり、世界を支えています。

習性　一般的に、レインボー・サーペントは雨季のあいだは深い池や湖で眠り、春の雨を飲むために空へ舞いあがります。それから、また孤を描いて大地に戻ります。たいていは情け深いのですが、干ばつのあいだに起こされると怒り、すさまじい洪水をひきおこします。有史以前、アボリジニの天地創造「ドリームタイム」に、湖で漁師に眠りをさまたげられたレインボー・サーペントが、村を洗いながし、大地をおおいつくす大洪水を起こしました。

特記事項　敷地内に滝や深い池がある場合、あるいは湖畔に住んでいる場合、ときどきレインボー・サーペントを間近で見られる幸運に恵まれるかもしれません。このドラゴンを訓練することはできませんが、貝がら、真珠など、自分と同じように虹色にかがやくものを好むと知っておくべきでしょう。レインボー・サーペントが眠っている場所のわきにこれらを贈りものとして置いたら、うまくいけば、目を覚ますかもしれません。

仲間　中国の蛟竜《こうりゅう》

生息地

世界じゅう

卵

虹色で、雨粒のような形

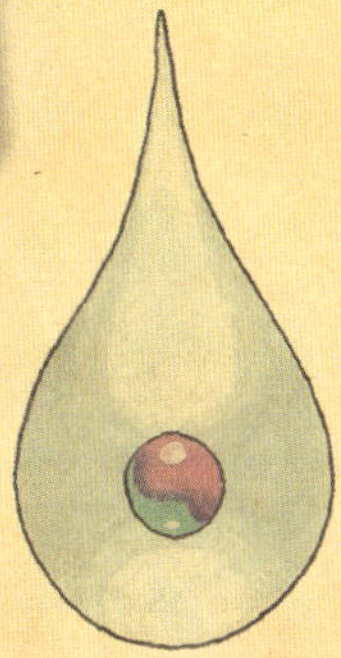

表皮

色とりどり

体長／体の大きさ

噴水程度の小型なものから、空にとどくほどの大型のものまで

サラマンダー

ドラコ・サラマンドラ

ドラゴンのなかでもっとも小さいサラマンダーは、炎のなかで生きていられることで知られています。また、もっとも危険なは虫類でもあります。けれど、むしろそこにひかれたり、貴重なサラマンダーの毛が目あての、ほんの一握りの飼育者は、この死をもたらしかねない品種を選びます。

解説　サラマンダーは斑点のあるうろこにおおわれた4本脚のドラゴンです。体長はほんの十数センチで、ごくありふれたトカゲのような見かけをしているため、炎に耐性があり、毒性の強い性質であるとは一見わかりません。すでに体が小さいため、ブリーダーはより小型にするための品種改良はしませんでした。

血統　サラマンダーはひじょうに冷たいため、炎のなかに入ると（おそらく体をあたためるため）、火が消えてしまいます。また、口からたれている泡状の液体は、触れたものを毒します。

特性　もともと、サラマンダーは火山の底で、どろどろの溶岩をあびていました。インド亜大陸の王だったプレステ・ジョアン（プレスター・ジョン）の国では、サラマンダーはこういった火山に生息し、石綿のような物質であるサラマンダーの毛を産出し、人々はこれを織って耐火布をつくっていました。一方で、サラマンダーは町や村を丸ごと破壊することもできました。サラマンダーがリンゴの木にのぼると人々の食べる果実が毒され、サラマンダーが泉に落ちると水源が汚染されるのです。

生息地

エチオピアから中国まで、各地にあるプレステ・ジョアンの国

卵

白く、サラマンダーの毛でできており、炎につつまれた巣のなかにあります。

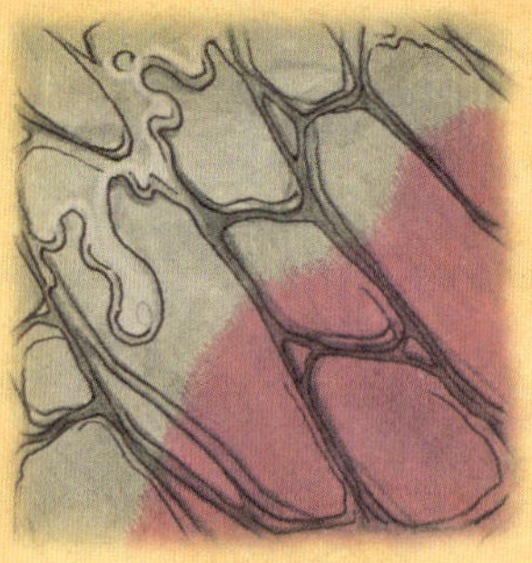

表皮

うろこにおおわれ、斑点があります。サラマンダーの毒にはご注意を。

特記事項　サラマンダーを育てるには、火の元を用意しなければなりません。できれば、サラマンダーが体をすっぽり入れても消えないくらい大きな炎が理想です。サラマンダーの毛がとれたら、飼育者は集めて売るといいでしょう。しかし、毒に汚染されないよう、十分注意するようにしてください。

血統の注意点　毛をたくさん出すサラマンダーは、審判によい印象をあたえます。でも、気をつけてください。競技会に参加するとき、飼育者は、だれも、そして実質的になにも、この毒をもつ生きものにふれないようにしなければなりません。

仲間　炎のなかで生きる虫、ピュラリス

特徴

1 うろこにおおわれた体
2 斑点
3 4本の脚
4 有毒なあわ

体長／体の大きさ

13-15センチ

著者メモ

わたしがかつて飼育したサラマンダーは一度、わたしの所有地から逃げてしまいました。不安な気持ちで何日もこの毒のある生きものを探していましたが、やがて地元の鍛冶屋に、炉の火が消えるので困るという苦情をもらいました。そして、炭のすきまにかくれていたサラマンダーをみつけ、鍛冶屋から借りたつかみばさみでつまみ、サラマンダーの毛で裏打ちした箱に入れて家に持ちかえりました。

シードラゴン

ドラコ・メア

シー・サーペントという名前でも知られるシードラゴンは、個人所有の湖のほとりにすむ飼育者に人気の品種です。そのような湖は、天然の囲い場となります。これに対し、海岸エリアでは、ドラゴンは世界中の海へ自由にいけますし、おそらくすぐにそうするでしょう。

解説　シードラゴンは長い首を柱のように高々とのばして泳ぎます。馬のような頭、ぎらぎら光る目、海草に似た長いたてがみを持っています。うろこにおおわれた体は、尾先にむかって上下にうねり、波打ちながら水面を移動します。

血統　オラウス・マグヌスが1539年に発表したスカンディナヴィアの地図に、よく知られた初期のシードラゴンが登場します。体長60メートルほどのドラゴンは、船に巻きつき、船乗りを飲みこもうとしています。それ以来、シードラゴンは何百人もの船乗りやその他の人々に目撃されました。ノルウェー沖、スコットランドの湖、北大西洋の全域など、世界中の海や湖で目撃情報があがっています。

気質　この種族の最近のものは、おくびょうで、人間との接触をさけようとします。とても控えめなため、ドラゴンの品評会にはむいていません。けれど、シードラゴンの信頼を得られれば、背中に乗ることもできるはずです。

特記事項　大型のシードラゴンを飼育したい場合は、所有地内の湖に無害なドラゴンがいることを近隣住民に知らせなければなりません。霧ごしに、あるいは月明かりの下でこのドラゴンを見られたら幸運であり、おそれる必要はない、またけっして危害を加えてはならない、と説明してください。小型のシードラゴンは、魚と海草を入れた大きな水槽で飼うことができます。

仲間　ネス湖の「ネッシー」とよばれる怪物

著者メモ

自分のシードラゴンを手に入れる何年も前、ネッシーをもとめて、ほかのお客さんといっしょに観光用のボートにのり、まっ暗な湖底に棲むといわれる不思議な生きものをひと目見ようと、ふるえながら手すりごしに霧に包まれたネス湖で目をこらしました。けれど、その日は姿をあらわしませんでした。

特徴

1 馬のような頭
2 ぎらぎら光る目
3 たてがみ
4 うろこにおおわれた体
5 上下にうねる尾

生息地

ノルウェーの西海岸、
スコットランド、
北大西洋

卵

波状のらせんが、
縦にぐるぐる巻
いています。

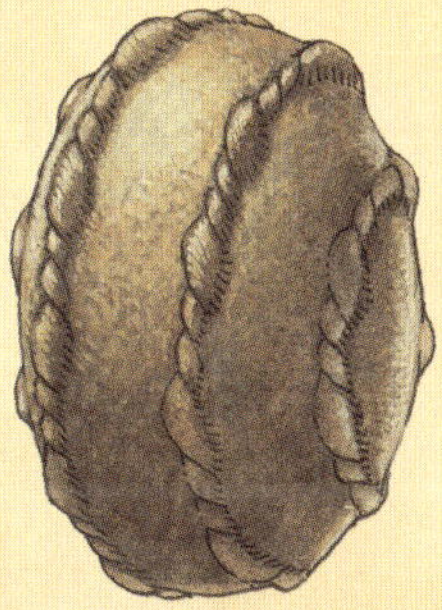

表皮

うろこにおおわれた皮膚

体長／体の大きさ

12-60メートル

西洋のドラゴン

ドラコ・ジェネリス

　ほかにいいことばがうかびませんが、西洋のドラゴンは、ヨーロッパで、そして今では北アメリカのたいていの場所で、もっともよく知られ、そしていちばん人気のある品種です。
ほとんどの欧米人は、「ドラゴン」ということばを見聞きして、この品種を思いだします。

解説　ヘビ類のなかでもっとも大きな西洋のドラゴンは、うろこにおおわれたは虫類で、とげのある大きな翼、4本の脚、長いヘビの尾をもっています。

歯とかぎ爪は、ひじょうにするどいです。たいてい角があり、舌と尾にとげが生えています。目が鋭敏で耳も聡く、用心深い目ととがった耳をもっています。煙と炎を吐き、ほえると大地がゆれます。この品種は数百年も生きます。

習性　西洋のドラゴンは、深い洞窟のなかに宝をためこみ、守ります。中世のヨーロッパでは、現存する品種の先祖は、田園を破壊し、村を燃

生息地
ヨーロッパ、アメリカ、カナダ南部

卵
緑か赤か茶色、うろこにおおわれ、触ると熱く、煙がたっています。

表皮
うろこ状、色はさまざま

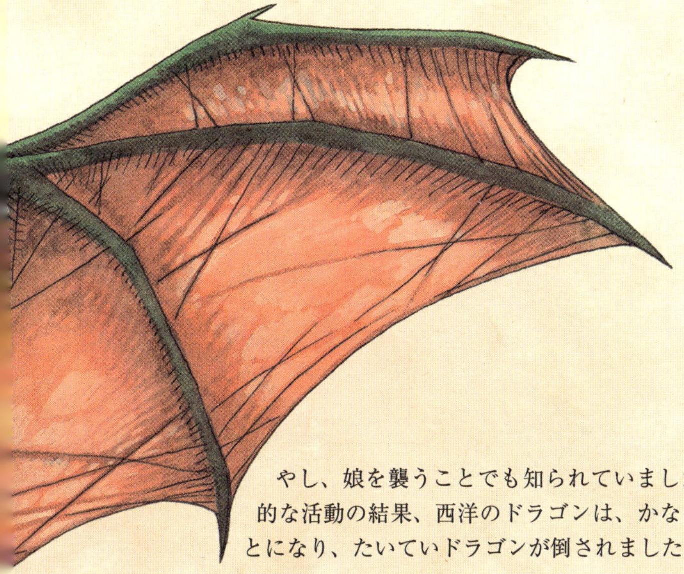

やし、娘を襲うことでも知られていました。こうした破壊的な活動の結果、西洋のドラゴンは、かならず騎士と戦うことになり、たいていドラゴンが倒されました。

気質　翼のある4本脚のドラゴンのなかで、もっとも凶暴なものは殺され、暴力的な気質は徐々になくなりました。現在のおとなしい品種は、忠実な相棒となり、子どもとも仲よくなれます。

特記事項　一般的に扱いやすい西洋ドラゴンですが、強さ、するどいかぎ爪、炎を吐く能力は先祖から受け継いでいます。また、遺伝的に残忍ななごりが——ほんとうに、ごくまれに——表に出ることがあります。なんにせよ、飼育者はドラゴンの気分にいつも注意を払わなければなりません。

仲間　西洋のドラゴンにいちばん近い仲間は、翼のある、2本脚のワイバーンです。

特徴

1 うろこにおおわれたは虫類の体、色はさまざま
2 長いヘビの尾、とげが生えている場合もある
3 刃のようにするどいかぎ爪、それぞれの足に4本
4 とげのついた、あるいは装甲をほどこしたような背部
5 鞍を置く部分
6 うねのある、膜状の翼
7 翼の先端にまがった爪
8 角
9 誘いこむような明るい目、ふちは透明
10 炎を出すためのリンをたくわえる場所
11 炎や煙をふきだす鼻孔
12 刃のようにするどい歯
13 大地をゆるがすほえ声を出す場所

体長／体の大きさ

大型のドラゴンになると、
小さな馬一頭を食べてしまいます。

ドラゴンの炎

わたしの古い友人で、国際的に有名な自然歴史学者ネルズ・エリクソン博士は、ドラゴンの炎について、次のように説明してくれました。

ドラゴンは複雑な化学反応をとおして炎をつくりだします。ひじょうに燃えやすいリン成分が、ドラゴンの下あごの腺にあります。その炎腺を収縮させると、リンが口のなかにしぼり出され、唾液とまざり、すると！　炎を吐き出すのです。

つづけて、エリクソン博士は、ホソクビゴミムシが100℃以上の気体を噴射することにふれています。ドラゴンの吐く炎ほど華々しくありませんが、まちがいなく敵をおどろかせます。

注：*ドラゴンに炎を吐いてはいけないときを教え込むのはたいへんですが、公共の場——はっきりいうと、品評会——に出すとしたら、飼育者はできるかぎり努力をしなければなりません。*

タラスク

ドラコ・タラスクス

毎年、フランスのタラスコンでは、怪物タラスクを倒した先祖を称え、町の人々が祝います。布でつくったタラスク像を率いて、町中をパレードするのです。

解説　水陸両生のタラスクは、大きな雄牛ほどの体で、ライオンの頭をもつドラゴンです。うろこにおおわれた体に、とげのある、皮のような甲羅がのっています。６本脚で、クマの足をもち、ヘビの尾にはとげがついています。

血統　タラスクの血統は、さかのぼると、海の怪物レヴィアタンと、燃える糞をまきちらして狩人を殺す牛のような生きもの、ボナコンにいきつきます。中世のあいだ、南フランスのローヌ川に生息していたタラスクがいちばん有名です。このタラスクは、川を走る船を沈め、周囲の森で旅人を襲いました。やがて町の人をさらうようになり、被害を受けた人々は、異教徒をキリスト教徒に改宗させた聖マルタの助けを求めま

生息地

フランス

卵

とげのついた、皮のような、茶色い殻

注：とげは、卵が産み落とされてから出てきます。

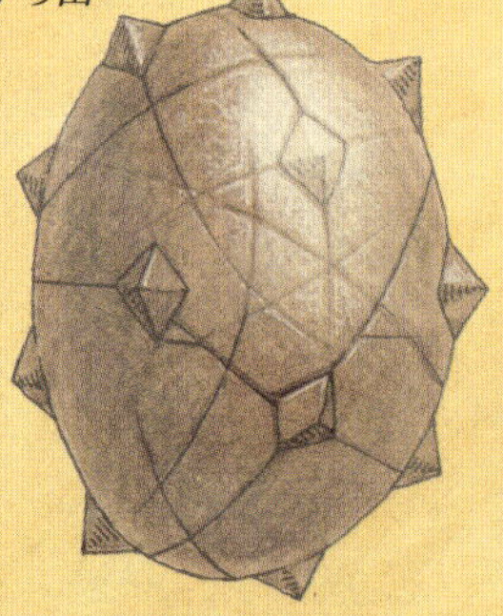

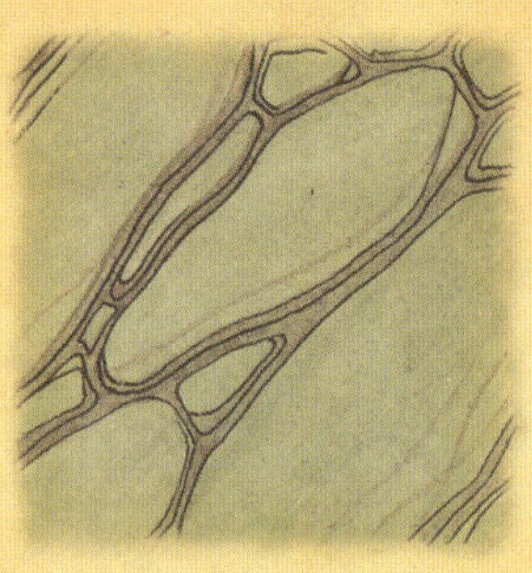

表皮

うろこにおおわれた体に、皮のような甲羅がのっています。

特徴

1 とげ
2 とげのついたヘビのしっぽ
3 6本脚
4 皮のような甲羅
5 ライオンの頭
6 うろこにおおわれた体
7 クマの足

した。聖マルタが森に入ると、タラスクは餌食をむさぼっていました。そこで、聖マルタはタラスクに聖水をふりかけ、自分のベルトをタラスクの首にまき、町へ連れていきました。タラスクを殺し大喜びした町の人々は、打ち勝った脅威にちなんで、町の名前をネルリュクからタラスコンに変えました。

気質　成長したタラスクは、先祖の不幸な運命と、それに続くあざけりのせいで、怒りっぽい性格になりがちです。一方で、小型種は子どもにも好かれ、品評会でも好評です。

特記事項　大型のタラスクを飼育するには、敷地内に川が必要です。小型種には、水槽があれば十分です。

注意：大きさに関係なく、このドラゴンの甲羅の鋭いとげにはさわらないようにしてください。

仲間　スペインのタラスカ。こちらも、祭りのパレードの目玉となっています。

体長／体の大きさ
大きめの雄牛ほどの体

著者メモ
数年前、タラスクの祭りに参加し、布製のタラスク像がはなやかに町を練り歩くのを見ました。3人の男性がタラスクの6本脚の代わりをしていました。

仲間

ドイツのワーム、ファフニルは、ニーベルングの指環を守っていました。ジークフリートがファフニルを殺して心臓を食べると、鳥のことばがわかるようになったそうです。

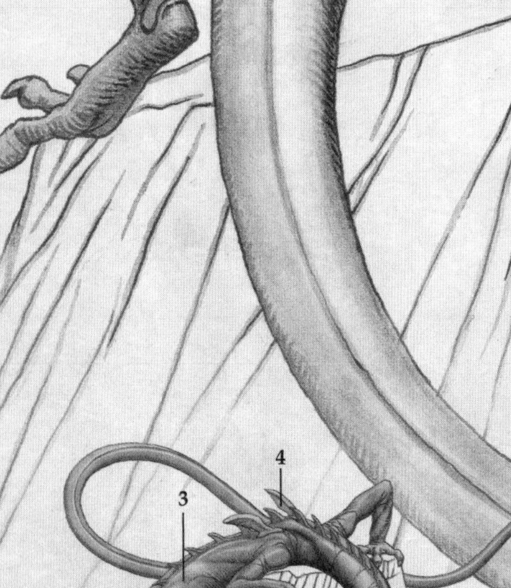

特徴

1 4本脚
2 とくべつ長い体
3 鋼鉄のように硬いうろこ
4 翼をもつ種もいます
5 かぎ爪
6 角はない
7 煙と炎
8 針のようにするどい牙

ワーム

ドラコ・ブリタニクス

ワーム・ヒル、ワームストーン、ワーミングフォード、ワームズリーといったイギリスの丘や村の名は、かつてこの国に棲みついていたドラゴンの種族にちなんだものです。初期のワームは、田舎を襲い、宝をためこむことで悪名が高かったのですが、その子孫はのんびりしていて、丘に巻きつき、満足げに日なたで眠ります。

解説　ワームは、西洋のドラゴンのイギリスの種類です。ワームは、より一般的な品種よりも体長が長いものもいますが、炎を吐き、鋼鉄のようにかたいうろこをもつ４つ脚のは虫類という点はおなじです。多くは、翼、刃のようにするどい歯、かぎ爪ももっています。

血統　イギリスのワームのなかでもっとも有名なのは、年老いたベーオウルフが殺した――そして彼自身も死ぬことになった――宝を蓄えていたドラゴンです。後に登場するワームに、ラムトン・ワームやウォントリーのドラゴンがいます。どちらも鎧にとげを装備した騎士に倒されました。ダラムにあるワーム・ヒルは、ラムトン・ワームにちなんでつけられました。アーサー王が紋章にしたことから、ワームはイギリスの王の紋章に使われるようなりました。

特記事項　大型のワームを選ぶなら、敷地内に、体が伸ばせる大きな丘と、なかでくつろげる深い洞窟が必要です。飼育者にとってかなりの出費になるかもしれませんが、この品種を選ぶなら考えに入れておくべきです。ワームが喜ぶように、本物あるいはイミテーションの宝も洞窟に用意してください。

血統の見きわめ方　イギリスで長い歴史をもつため、ワームはとりわけイギリスの品評会で人気があり、イギリス人の飼育者に好まれます。とくに、ワームの近代品種は先祖よりもずっと行儀がよくなったためです。

生息地

イギリス

卵

緑色の円錐型の卵で、らせん状の隆起があります。

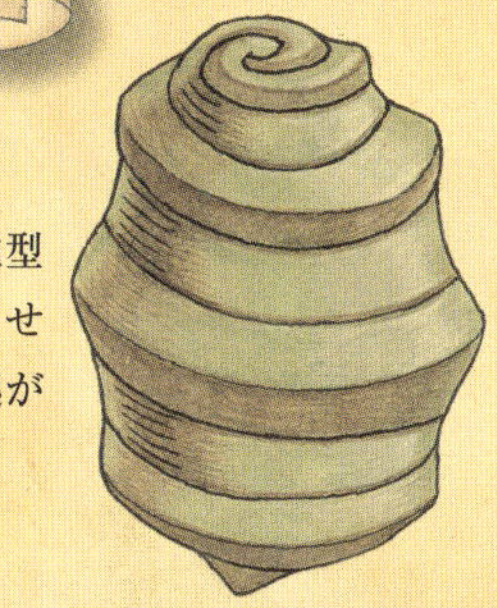

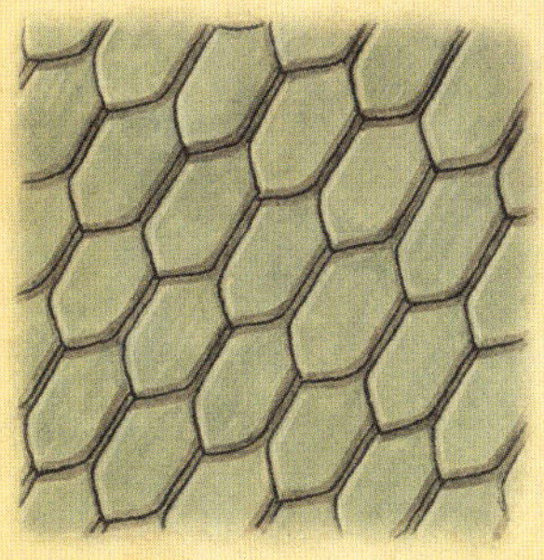

表皮

鋼鉄のようにかたいうろこ

体長／体の大きさ

ワーム・ヒルに３重にまきつくくらいの長さ

第3部

最高のドラゴンを育てる

ドラゴンと、業者が取り扱える品種について、一般的な知識が身についたことと思います。育てたいドラゴンを選ぶ用意はできたでしょうか。それでは、希望の品種を扱う業者を見つけ、契約をして、あなたの人生を変えてくれるドラゴンを注文しましょう。ドラゴンに名前をつけ、登録し、囲い地を用意してあげるのです。あなたの家にドラゴンが到着したときから、あなただけのドラゴンを育てるという冒険がいよいよ始まります。

ドラゴンを選びましょう

どのドラゴンがあなたにぴったりでしょうか？　身体の特徴、血統、気質、習性を考えたうえで、どの種族があなたの好みでしょうか？　あなたの住宅環境や予算に合う品種・大きさのドラゴンは見つかりましたか？　ただし、どのドラゴンを選んでも、これだけは忘れないでください。ドラゴンを迎えるには、同時に、この生きものを育て世話をする責任も引き受けなければなりません。

小型ドラゴンを育てる

予算に余裕がなかったり、一般的な家やマンションに住んでいる場合、大型ではなく、小型のドラゴンを飼うべきでしょう。けれども、ドラゴン用の部屋が必要ですので、それは忘れずに（詳しくは66-69ページの「屋内の住まい」をご参照ください）。また、室内飼いとはいっても、ほかのペットよりは飼育費用がかかります。

大型ドラゴンを育てる

大型ドラゴンを入手し（ひじょうに高値です）、育てるのに（とても費用がかさみます）十分なお金と不動産をおもちでしょうか？　地上や水中に棲むドラゴンにふさわしいねぐらを、空を飛ぶドラゴンが心地よく暮らせる鳥小屋に似た囲い場を、用意できますか？　あなたのドラゴンに適したオリや小屋は、建築条令で許可されていますか？

飼育するドラゴンの品種を決めるために、このページの表をぜひご利用ください。すべての項目があてはまらなくても、該当する項目がいちばん多い品種が、あなたにぴったりの品種でしょう。

あなたにぴったりの品種は？

まずは、24-51ページ「ドラゴンの品種」の章をしっかり読んでください。次に、あなたの好み、ドラゴンを飼育する環境や予算に合う項目に、印をつけてください。

品種	身体的特徴	血統	気質と習性	所有地	資金
東洋のドラゴン					
コカトリス					
インドのドラゴン					
ドラコン					
多頭ドラゴン					
ムシュフシュ					
ピアサ					
サラマンダー					
シードラゴン					
西洋のドラゴン					
タラスク					
ワーム					

あなたが飼うドラゴンは ＿＿＿＿＿＿＿＿＿＿＿＿＿＿＿＿

小型 □　　大型 □

注：「ドラゴンの品種」の章で紹介していても、ブリーダーが扱っていないドラゴンはリストには載せていません。つまり、ヨッパ・ドラゴンとレインボー・サーペントのことです。

ドラゴンの選び方ガイド

飼育したいドラゴンの品種を選んだら、次はドラゴンを卵から育てるか、幼ドラゴンあるいは成ドラゴン（２歳以上）を入手するか、決めましょう。それから、「ブリーダー／取扱業者」（122-123ページ）を見て、希望のドラゴンを専門に扱っているブリーダー／業者に相談してください。購入時には、ブリーダーはドラゴンの品種、両親、生まれた（あるいは卵が産み落とされた）日付と場所が記載された登録書をわたす義務があります。また、卵が孵らない場合の交換を保証しなければなりません。

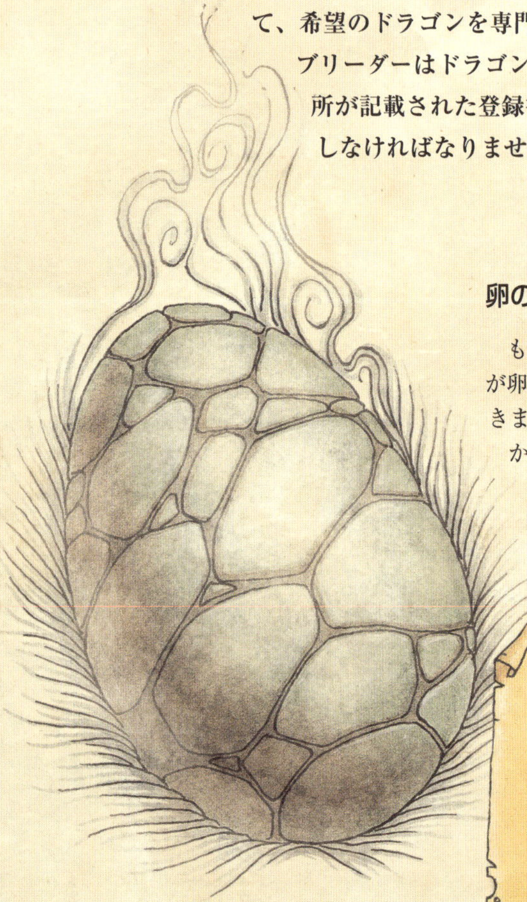

卵の紹介

もしドラゴンを１から育ててみたければ、卵から始めましょう――あなたが卵を温めて孵すのです。配達前に、ブリーダーがサンプルの写真を送ってきますから、確認してください。 希望のドラゴンの卵かどうか、しっかり確かめましょう。品種によって、色や形はさまざまです。このページでは、代表的な卵の絵を紹介します。ほかの品種については、「ドラゴンの品種」の章（24-51ページ）をご覧ください。

西洋のドラゴン

炎を吐き、うろこにおおわれているこの生きものの卵は、やはりうろこ状で、緑、赤、茶――そのドラゴンの色です――のすじが入っています。卵は熱く、殻から煙がたっています。

ドラコン

かつて先祖のかしこいドラコンが守っていた金の羊毛のように、ドラコンの卵は金色で、ぴかぴか光っています。

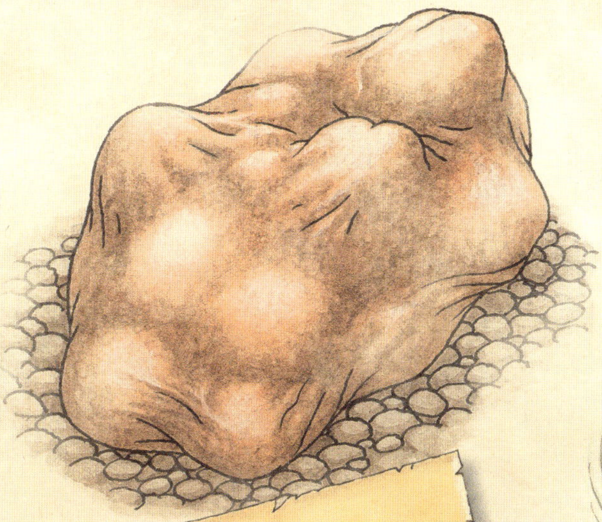

多頭ドラゴン

この気持ちの悪い品種は、卵のなかで頭を動かし、やわらかい茶色の殻に押しつけるため、表面がでこぼこしています。

ワーム

緑色をした円錐型の卵にらせん状の突起があるのは、日なたぼっこをするとき丘に巻きつくワームの習性を反映しています。

タラスク

タラスクの卵が産み落とされたあと、皮のような茶色い殻から、この生きものの背中の甲羅によく似たトゲが出てきます。

東洋のドラゴン

東洋のドラゴンの卵は、丸くてかがやいています。エネルギッシュで、ヘビに似たこのドラゴンがうれしそうに追いかける「宇宙の真珠」に似ています。そして、体の大きさを自由に変えるこのドラゴンのように、卵も縮んだり、膨らんだりします。卵が孵るまで、3000年の歳月がかかります。

現地でドラゴンを選ぶ

幼ドラゴンまたは成ドラゴンを購入することに決めたなら——そして、旅行の費用があるなら——ぜひとも、ご自分でブリーダーのもとへいき、現地でドラゴンを選んでください。その際、ドラゴンの健康状態を調べるうえでの、基礎的なことをいくつかご紹介しましょう。ここにあげるのは西洋ドラゴンの絵ですが、一般的なことですので、あなたが選んだ品種にもあてはまります。

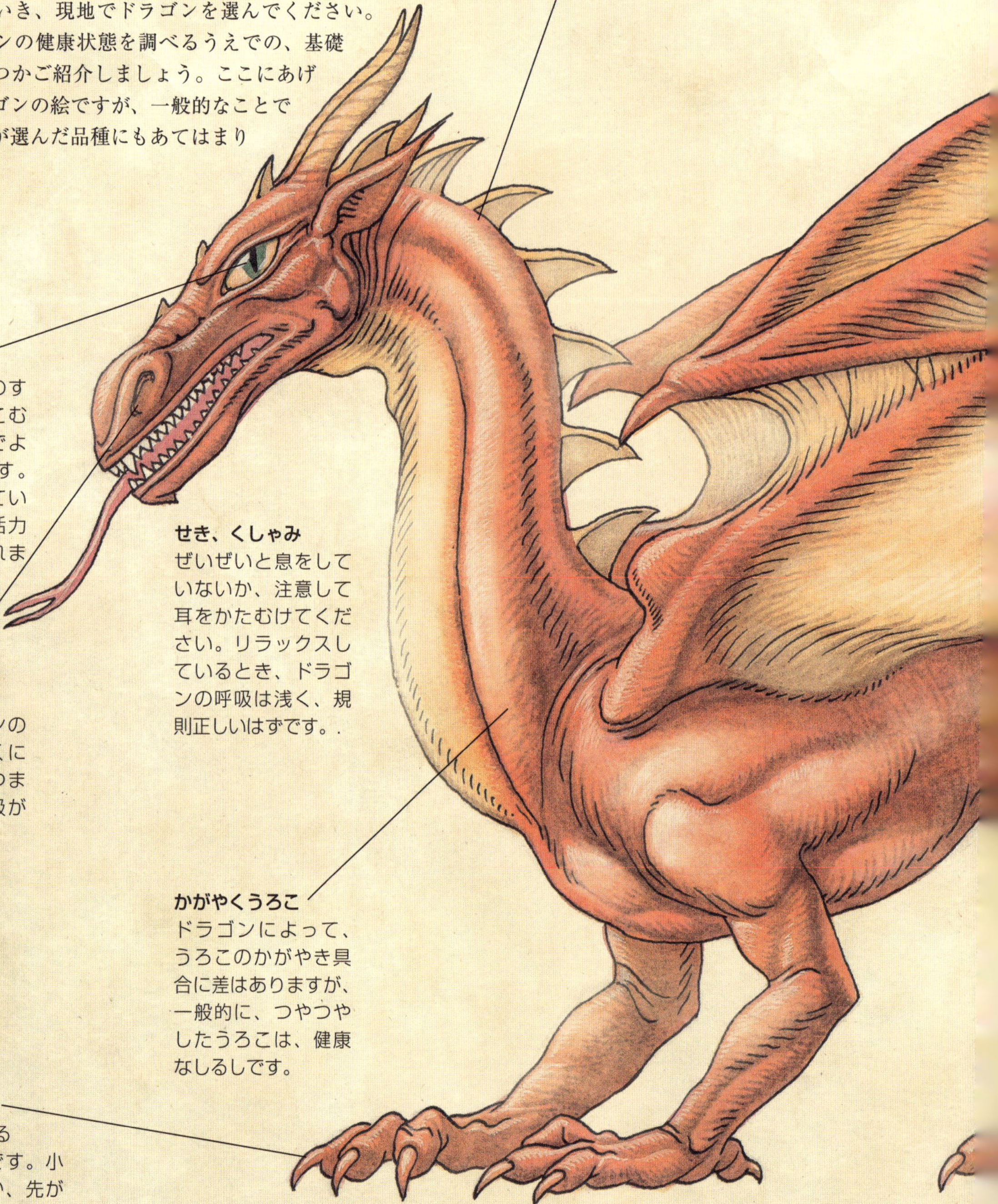

背中のとげ
とげがとれていたら、表皮の傷がきちんと治っているか、確かめてください。

瞳のかがやき
ドラゴンは、目のするどさと、誘いこむようなまなざしでよく知られています。目がどんよりしているドラゴンは、活力もないのかもしれません。

湿った鼻
炎を吐くドラゴンの場合、これはとくに重要です。鼻がつまっていると、呼吸が苦しくなります。

せき、くしゃみ
ぜいぜいと息をしていないか、注意して耳をかたむけてください。リラックスしているとき、ドラゴンの呼吸は浅く、規則正しいはずです。

かがやくうろこ
ドラゴンによって、うろこのかがやき具合に差はありますが、一般的に、つやつやしたうろこは、健康なしるしです。

つややかなかぎ爪
健康をチェックする重要なポイントです。小さなひびがないか、先が折れていないか、見てください。ドラゴンの飼育者にとって、かぎ爪の手入れは大切な仕事です。

元気だが、度をすぎて活発ではない
元気なドラゴンがほしいのは当然ですが、あまりに活発すぎると、ドラゴンにとっても、まわりのものにとっても危険ですし、訴訟の種になりかねません。

プロポーション
どの品種を育てるにせよ、体のそれぞれの部位は、ほかの部位とバランスがとれているべきです。

あざやかな色
品種によって、また体の部分によって、色合いや濃淡はありますが、健康なドラゴンほど色があざやかです。

傷のない翼
空を飛ぶドラゴンの場合、翼に傷がないか、あっても飛行に影響しないか、調べてください。

力強さ
年齢や品種にかかわりなく、ドラゴンにとって、これこそがいちばん重要な特性です。じっくりとドラゴンを観察したあと、ブリーダーに頼み、ドラゴンが動くようにしむけてもらい、運動能力を見てください。

寄生生物がいないこと
口、鼻、耳、肛門など体の穴をすべて注意して観察してください。寄生虫がいないか、糞も調べましょう。

がっしりと丸みのある脚と尾
脚と長い尾をもつ品種でしたら、がっしりと丸みのあることが、健康と強さのしるしです。

ドラゴンに名前をつける

購入したばかりのドラゴンにつける名前は、もう決めてあるかもしれませんね。もし、まだでしたら、今から考えてもいいでしょうし、ドラゴンが到着して独特のくせや性格がわかるまで待つのも一案でしょう。いずれにしても、ワールド・ドラゴン・クラブ（WDC）に登録するために名前は必要です（登録用紙と記入方法は62-63ページを参照してください）。

WDCガイドライン

世界登録の規定では、名前は35文字以下とされています。正式名は、ドラゴンを販売した会社名と、あなたが決めた「呼び名」からなります。この組みあわせが、あなたのドラゴンの経歴を簡潔にあらわします。なんらかの理由でWDCが名前を受理できない場合、登録所が名前をつける権利を保有します。

著者メモ

わたしのロウィーナは、幼ドラゴン後期に、カリフォルニアのドラゴン・ハウスから買いました。WDCに登録した正式名は、「ドラゴン・ハウス・ロウィーナ」です。

ドラゴンの名づけのヒント

ドラゴンの命名はいたって個人的なことですが、ひとつだけいっておきます。ほとんどのドラゴンは長生きですし、あなたもドラゴンも、生きているあいだ、その名前とつきあわなければなりません。ご参考までに、いくつかヒントを紹介しましょう。

- もしドラゴンが幼すぎて性別がわからない場合、どららでも通用する名前をつけましょう。
- 「呼び名」は、ドラゴンがすぐわかるように、短いものがおすすめです。動物の名前は母音で終わるのが理想的だ、という専門家もいます。
- 「ス」でおわる名前をつけるのが人気ですが、それでは選ぶ範囲がかぎられてしまいます。ドラゴンの特徴、性質、出生地、花、動物、神話や歴史上の人物、俳優、スポーツ選手から名前をつけることも多いです。けれど、ドラゴンの気持ちを考えて、アポロン、ペルセウス、ベーオウルフ、ジークフリート、ジョージとは呼ばないでください。

名前のカテゴリー

特徴、性質
スモーキー、スパイク、フラッシュ、ファング、ビューティ

出生地
ムンバイ、北京、オールトン、アングルシー

人名、ニックネーム
ミシー、フィービー、ワンダ、マルコム、ニック

花、動物
ローズ、アイリス、デイジー、コマドリ、タイガー

神話や歴史上の人物
ゼウス、トール、アキレス、ウリッセース、ヘレネ

現代的なもの
ボギー、ベッカム、ミッキー、ミニー

- 人間の名前をつけるのはかまいませんが、あなたと同じ名前はやめておきましょう。だれかに呼ばれたとき、あなたもドラゴンも混乱します。
- 存命の親戚の名前も、おすすめしません。そのかたが気を悪くするかもしれませんから（たとえ、尊敬の意をこめていたとしても）。
- 「ダメ」「座れ」「来い」など、命令のことばに似た名前は避けましょう。訓練のとき、ドラゴンが混乱するかもしれません。

あなたの選んだ名前は？

____

正式な登録名

____

ワールド・ドラゴン・クラブ

1900年に設立されたワールド・ドラゴン・クラブは、純血種のドラゴンの繁殖と繁栄のために貢献しています。世界で最古かつ最大のドラゴン登録機関であり、すべての品種を取り扱っています。ドラゴンの所有者はどこに住んでいても、記録を保管してもらえるので便利です。

「われわれの事務所は、WDCの名にふさわしい場所にあります。伝説によると、ここは、すべてのドラゴンの母ティアマトが、原始の海で形なき海中の生きものをドラゴンに変え、マルドゥク神に殺された地なのです。（さらに伝説では）ティアマトの体から、マルドゥクは天と地を創造しました。

　ドラゴンの登録に興味を持っていただき、ありがとうございます。なにか質問がございましたら、お気軽にご相談ください。できるかぎりお役にたてればと願っております」

ガイドライン

WDCの登録申請書の書き方

あなたが所有する純血種ドラゴンのためにも、WDCの申請書は、十分に注意してご記入ください。誤りや、虚偽の記述があった場合、申し込みを却下させていただきます。

1　名前　たいへん重要です。取扱業者の名前と、あなたが選んだ呼び名を書いてください。このふたつが、ドラゴンの正式な登録名になります。

2　品種　正確でなければなりません。ご自身で調査して、取扱業者からの情報が正しいことを証明してください。

3　性別　ドラゴンの性別は色や大きさではわかりません。訓練を受けた専門家に、ドラゴンの生殖器（腸管と泌尿器官とつながる穴）を見てもらいましょう。

4　誕生日　ご自分で卵を孵した場合は、記録を確認しましょう。年齢の高いドラゴンを入手した場合は、業者からの情報を受けいれるしかありません。けれど、ドラゴンが歳をとっていればいるほど、誕生日はおおよそになってきます。ドラゴンは何百年も生きますからね。

5　父ドラゴンと母ドラゴン　ドラゴンの業者に教えてもらいましょう。

6　証明写真と前足およびかぎ爪の紋　説明するまでもないでしょう。

7　署名　直筆で署名し、（あなたの知るかぎりにおいて）申請書の記入事項に間違いはなく、あなたのドラゴンが純血種であることを宣誓してください。

WDC

登録申請書

かならずドラゴン・グリーン色のインクをご使用ください。記入後ＷＤＣにご返送ください。

ドラゴンの登録名 ____________________

品種 ____________________

性別 ____________________

生年月日 ____________________

父ドラゴン __________　母ドラゴン __________

ブリーダー／販売業者名 ____________________

住所 ____________________

建物名 ____________________

国 ____________________

右に、登録するドラゴンの写真を２枚貼付のこと。
(正面と横から撮影したもの。)

写真の横に、ドラゴンの足とかぎ爪の紋を押す。入手したのが成ドラゴンで、この用紙に収まりきらない場合、別紙を添付すること。

所有者の氏名（活字体） ____________________

住所 ____________________

建物名 __________　国 __________

私が上記の純血種のドラゴンの合法な所有者であり、記載した情報が知りうるかぎり間違いのないことを、ここに保証します。

所有者の署名 __________　日付 __________

この申請書を、以下のアドレスのWDCまでご送付ください。承認されしだい、
ドラゴンを登録し、証明書をお送りいたします。

ワールド・ドラゴン・クラブ
私書箱111号
メソポタミア　BC　30003

住まいの基本

ドラゴンが来る前に、新しい住まいを用意しておく必要があります。ドラゴンの健康と幸せは、ドラゴンの体と心を満足させる住まいにかかってきます。経験のない飼い主は、大型ドラゴンに必要な場所の広さと、住居にかかる総費用（ドラゴンを入手するための初期費用よりはるかに高いです）に驚くことがしばしばです。これからあげるのは、（大型だろうと小型だろうと）ドラゴンを育て、世話をするうえで必要な環境です。

空間

孵化したばかりのドラゴン、子どもドラゴンはすぐに成長しますし、年齢や大きさに関係なく、ドラゴンは好奇心があり、動くのが大好きです。動きまわれる空間は、できるだけ大きいほうがいいでしょう。何人かの飼育者とやりとりして聞いた話ですが、囲い場を拡げるまで、ドラゴンは怒りっぽく、扱いにくかったそうです。住環境が広いほど、ドラゴンは親しみやすくなります。

温度

ドラゴンの住みかを用意するさいに、は虫類としての性質を忘れないようにしてください。ほかのは虫類と同様にドラゴンも変温動物ですから、自分で体温を調整することがほとんどできず、周囲の温度に左右されます。

注記：*炎を吐いても、ドラゴンの体温は変わりません。ホソクビゴミムシが身を守ろうとして熱いガスを噴出しても体温は変化しないのと同じです。*

日当たりのいい場所があると、ドラゴンは喜ぶでしょう。

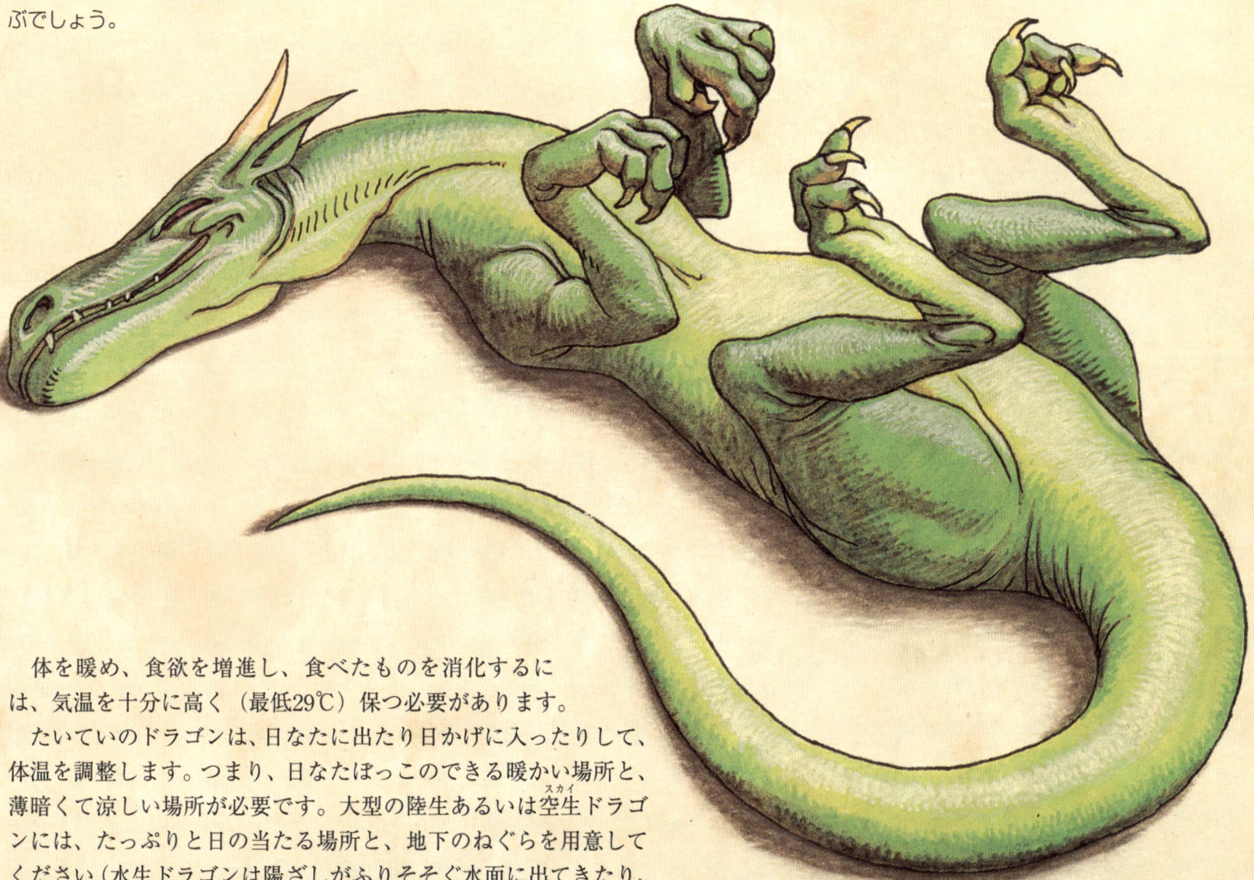

体を暖め、食欲を増進し、食べたものを消化するには、気温を十分に高く（最低29℃）保つ必要があります。

たいていのドラゴンは、日なたに出たり日かげに入ったりして、体温を調整します。つまり、日なたぼっこのできる暖かい場所と、薄暗くて涼しい場所が必要です。大型の陸生あるいは空生《スカイ》ドラゴンには、たっぷりと日の当たる場所と、地下のねぐらを用意してください（水生ドラゴンは陽ざしがふりそそぐ水面に出てきたり、岸にあがることができます）。小型ドラゴンの屋内の住まいならば、人工の暖房装置で空調を調整できるでしょう。そのさい、サーモスタットや温度計は必需品です。

光

ビタミンDを摂取して十分なカルシウムをつくり、骨の疾患を防ぐために、ほとんどのドラゴンは紫外線を毎日12-14時間浴びなければなりません。自然摂取が無理ならば、飼い主が環境を整えなくてはなりません。外の囲い地ならば、自然光はたっぷりあるでしょう。室内なら、窓を設けたり、太陽光に近い「フル・スペクトル」の人工ライトをつけたりすれば、紫外線を供給できます。

住まいのヒント

ドラゴンの当面の住まいは、生活の拠点であって、閉じこめておく場所ではありません。訓練ができたら、お互いに楽しく、散歩をしたり、外へ連れていったりしましょう。

屋内の住まい

あなたが標準的な一軒家またはマンションに住んでいて、小型ドラゴンを選んだとしても、ドラゴンが棲まう場所は確保してください。リビングルームに置いたオリや保育器、車庫や地下室ではなく、ドラゴン用の部屋が必要です。だれでも自由に出入りできる場所では困ります。陽ざしが入るか、明るい照明のついた日なたぼっこのできる場所と、暗くて涼しくて身を隠せる場所のある、環境の整った居心地のいい清潔な部屋が必要です。部屋の設備は、ドラゴンを卵から孵すか、成ドラゴンを入手するか、ドラゴンの属性が陸か空か水かによって、違ってきます。

住まい

- **ドラゴンの部屋**　できるかぎり広々とした部屋を用意するべきです。大型ドラゴンと同じように、小型ドラゴンも探険好きです。

- **素材**　ドラゴンに安全な材質に限ります。電熱線の入った「熱岩」を使用しないでください。木片やトウモロコシの穂軸を削ったものはむいていません。タイルがおすすめです。
- **温度、照明、空調**　部屋にはエアコン、照明、適切な換気装置をとりつけるべきです（裸電球、首振り扇風機など、危険な装置はドラゴンが近づけないようにしてください）。
- **水**　水はぜったいに引いてください。
- **天井**　翼のあるドラゴンを飼う場合、高い天井が好ましいです。
- **床と壁**　炎を吐くドラゴンを育てる場合、床と壁は耐火性の素材で覆ってください。
- **トイレ**　トイレの場所も必要です。たいていの品種は床にトイレットペーパーを敷けばいいのですが、炎を吐くドラゴンには耐火性のトイレ砂が必要です。
- **インテリア**　部屋は窓から日が降りそそぐ明るい場所（天窓をつけるかどうかは自由）と、すみに日陰があるといいでしょう。壁には色鮮やかな印象派の絵をかけてください。
- **収納**　えさ、首輪、引き綱、救急箱などを収納できる収納スペースがあるといいでしょう。

設備と家具

- ドラゴンの卵を注文した場合、孵卵器／保育器が必要です。
- 水とえさ入れの両方があり、重みと安定感たっぷりの、ひっくり返らない給餌機が理想です。
- 日なたぼっこ用の岩棚、あるいは木のぼりをするドラゴン用の人工の木を備えつけてください。
- 型に入れて造った洞窟つきの丘は、陸生ドラゴンにぴったりのねぐらになるでしょう。
- 水生ドラゴンには、大きな水槽かプールを用意してください。ドラゴンが陸にあがれるよう、内側にも外側にもスロープをつけてください。
- おもちゃを置いて、楽しい環境をつくってください。たとえば、陸生ドラゴンには本物あるいはイミテーションの宝、東洋の水生ドラゴンには水槽のなかの宮殿、シードラゴンには沈没船などがおすすめです。
- 炎を吐くドラゴンを飼う場合、防火手袋を忘れずに購入してください。

ドラゴンの部屋

数種類をいっしょに飼育するように設備を整えると、ドラゴンの部屋はこのような感じになります。おそらく、あなたは１種類のドラゴン用の住まいを用意することでしょうが、いちどに２種類以上育てたい場合は、その品種と性別同士は相性がいいか、取扱業者に確認してください。

著者メモ

今の家に引っ越してきたとき、ある寝室をドラゴンの部屋にリフォームしました。わたしは小型のワームとシードラゴンを飼育していましたが、あらたに大型ドラゴンを迎えるために丘をつくりました（それがロウィーナです）。やがて、小型ドラゴンは亡くなりました（大型ほど寿命が長くありません）。

野外の住まい

陸生ドラゴン

大型の陸生ドラゴンには、特別の——そして費用のかかる——住まいが必要です。飼育するには、敷地内に丘があり、ゆったりと日なたぼっこができなければなりません。丘の中腹に、ねぐら用の広い洞窟がなければ、あらたに備えてください。柵も設置しましょう。あなたがドラゴンの囲い地の外で別行動をとっても、ドラゴンを敷地内にとどめておいてくれますし、人間や動物の侵入を阻止する役割も果たします。翼のあるドラゴンには、飛行用のドームがいるかもしれません。以上が必須のものです。さらに、食事と水が必要になります。加えて、大型ドラゴンを育てる喜びもついてくるでしょう。

ドラゴンの丘

ドラゴンの品種はなんでしょう？　ドラコンなら、泉が丘から湧きだして、池に流れていますか？　ワームが巻きついて日なたぼっこできる、円錐状の丘がありますか？　インドの山ドラゴンがゾウの夢を見られるように、丘の斜面に樹木が茂っていますか？　西洋ドラゴンがねぐらにできる穴が、大きな丘の斜面にありますか？

ねぐら

　陸に棲むドラゴンは、品種にかかわらず、地下のねぐらを必要とします。あなたが所有する丘に洞窟がなければ、作ってください。大型車両と運転手を手配しましょう。(大型ドラゴンの住まいの準備に費用がかからないなんて、いっていませんよね。18ページの、わたしの業者からの見積書をごらんください)。入り口は、日なたぼっこのできる大きなエリアに面した場所を選んでください。入手するドラゴンの現時点でのサイズに関係なく、成長したドラゴンとその宝が十分に収まる広さを確保するように計画しましょう。最大でどのくらいの大きさになるかわからない場合は、ブリーダーに相談してください。洞窟が陥没しないように、支柱が必要になるかもしれませんが、できるかぎり目立たないようにしてください。

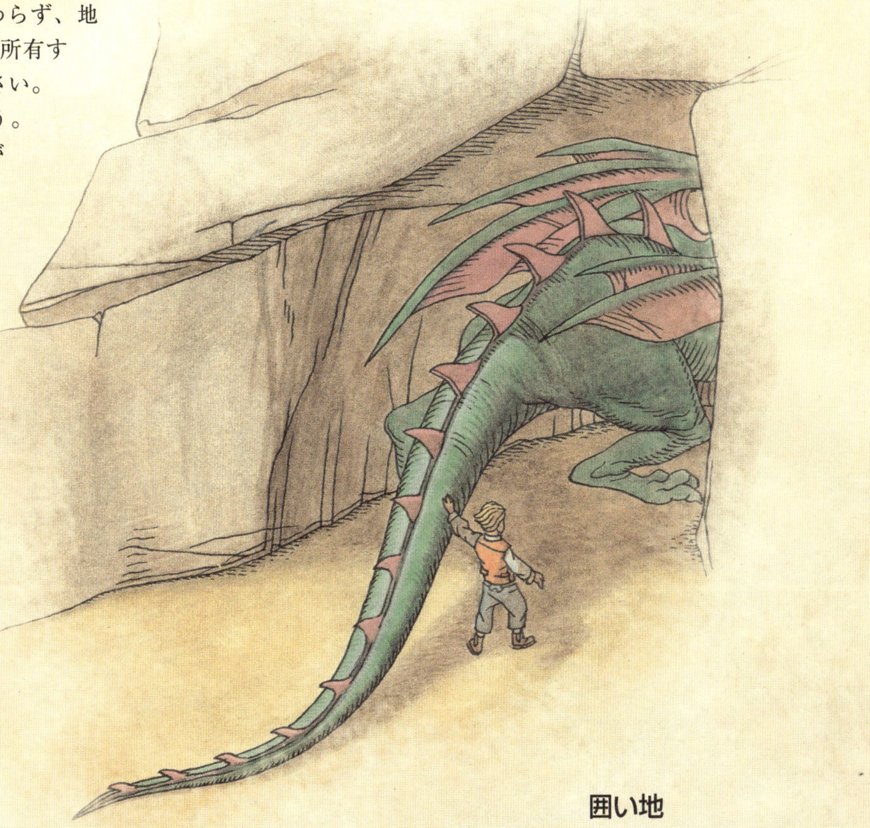

囲い地

　水を引きましょう。敷地内に、えさと水の入った大きな容器を置いてください。

柵

　大きな門のついた石やレンガの高い壁は、飛べないドラゴンには適していて、ムシュフシュにはぴったりです。しかし、莫大な費用がかかり、敷地外からはドラゴンを見ることができません。ほかの選択肢としては、木製または鉄製の柵があります。ただ、多くのドラゴンは炎を吐くため、木製の柵は賢明ではありません。また、門(ふだんは鍵をかけておきます)は十分に大きく作り、散歩に出かけるときにドラゴンが通れるようにしてください。翼のある品種を選んだ場合は、頑丈な網で敷地全体を覆いましょう。

水生ドラゴン

敷地内に川は流れていますか？　個人所有の湖の岸辺に住んでいますか？　大型の水生ドラゴンを飼育するには、このどちらかが必要てす。ドラゴンの丘はいりません。水生ドラゴンの場合、敷地から泳ぎでたり、決められている場所より先へいかないよう、囲いをつくる必要があります。いくつか、大型の水生ドラゴンに適した住まいをご紹介しましょう。

川の住まい

タラスク

川に棲むタラスクの先祖は、広々としたローヌ川を満喫していましたが、あなたの川はそこまで広くなくてもかまいません。地元の条例で認可されることを前提に、あなたの敷地の境界部分の両側に、しっかりした柵を川を横切るように巡らせなければなりません。水中に立てる柵は、鋼鉄の支柱で固定してください。タラスクはしょっちゅう陸に上がりますから、周辺の敷地も、柵で囲ってください。

ピアサ

翼をもつピアサにとっても、川につながっている住まいが理想的ですが、柵ではなく、荒れ狂う水面を見おろす崖を大きく包むような、鳥かご型の覆いにしてください。

湖の住まい

シードラゴン

淡水に棲むシードラゴンのなかには水陸両生のものもいますので（ドラゴンの性質については、取扱業者に確認してください)、その際は湖の岸の外側も塀で囲う必要があります。海生のドラゴンの場合、崖ぞいの洞窟が理想的な住まいになるでしょう。ドラゴンの住まいに赴くようにすると、よりいっそう飼育が楽しめます。ボートやヨットがおすすめです。モーターボートは、ドラゴンを傷つけるかもしれませんので、避けてください。

東洋の水生ドラゴン

東洋の水生ドラゴンは姿を変えますので、収容することができませんし、柵も役にたちません。しかし、水中に豪華な宮殿を用意してあげれば、ドラゴンがあなたの湖に棲むようにできるでしょう。宮殿に暮らす竜王を訪ねるときは、ダイビングスーツが必要になります。ところで、ドラゴンが人間の姿をとって現われてもおどろかないように。これは、このドラゴンの習性ですから。

あなたや地元の業者にとって、宮殿を建てるのは費用がかかりすぎる、または難しすぎる作業でしたら、東洋の水生ドラゴンを湖に誘いこむ、別の方法があります（102-103ページを参照してください)。

設備と備品

大型ドラゴンの住まいが設置できただけで、準備が整ったと思ってはいけません。ドラゴンの囲い地に隣接して、飼育に欠かせないすべてのものを収納できる納屋が必要です。設備と備品は、ドラゴンの成長段階と品種によって変わってきます。

納屋

納屋の広さは、あなたが快適に作業できるよう、たっぷり確保してください。この建物は、側面に支柱をとりつけて、柵にくみこむようにしましょう。小屋にはドアをふたつ設け、ひとつは囲い地の外へ、もうひとつは中に出入りできるようにします。炎を吐くドラゴンを飼育する場合、建物の屋根と壁は耐火性の素材でなければなりません。

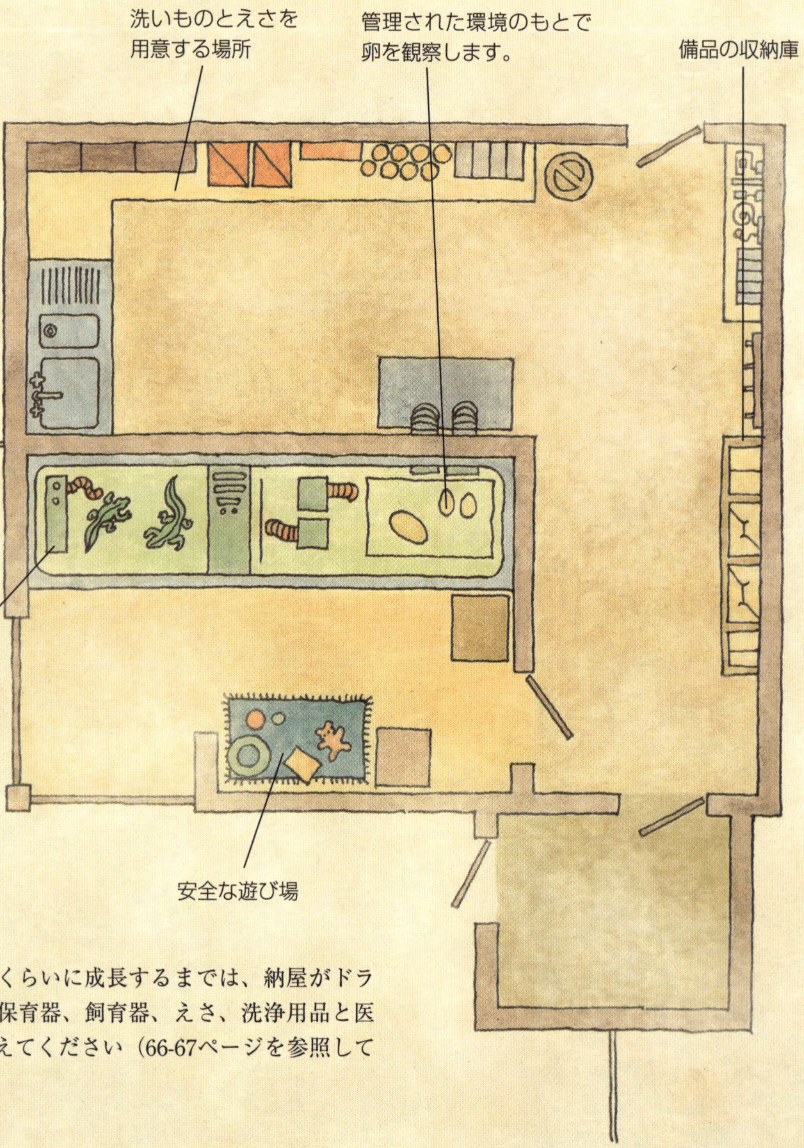
洗いものとえさを用意する場所
管理された環境のもとで卵を観察します。
備品の収納庫
新生児の保育器
安全な遊び場

卵から幼ドラゴンまで

ドラゴンが屋外の囲い地に出られるくらいに成長するまでは、納屋がドラゴンの部屋になりますので、孵卵器／保育器、飼育器、えさ、洗浄用品と医療用具、やわらかいおもちゃなどを備えてください（66-67ページを参照してください）。

成ドラゴン用の設備

あなたのドラゴンがすでに成体である場合——あるいは、もうすぐおとなになる場合——次のような備品や道具を納屋に用意してください。

ドラゴンを洗うための、長いホース。強力な洗剤。柄つきのブラシと柄のないブラシ。つや出しの入った樽。布を入れた箱。
手押し車とシャベルを2組。2組は囲い地の外からえさを運んでくるため、もう1組はドラゴンのねぐらと日なたぼっこする場所を掃除するために使います。
小規模の火事に対処するための消火器
かぎ爪の手入れするための、板金用はさみ、または大ばさみ
医薬品。殺菌用の500mlのびん入り過酸化水素水、すり傷、ひっかき傷用に1メートル幅のガーゼロール、ビタミンD入りカルシウム錠剤1桶分など
訓練やドラゴン乗り用の道具などをかけておく場所
宝物とおもちゃを入れた箱
寒い日用に、延長コードつきの紫外線暖房ランプ
必要に応じて、あなた用の耐火スーツ
ドラゴンが喜ぶ音楽を流すためのCDプレーヤーと外部スピーカー

わたしのドラゴン村

わたしの敷地のスケッチを紹介しましょう。柵をとりつけて、納屋を建てたあとに描いたものです。ドラゴンが到着する準備が整うころには、あなたの敷地もこのような感じになるかもしれません。スケッチには、品種によって異なる住まいの特徴を記してあります。

陸生ドラゴン用
のねぐら
ワーム用の丘
柵――必要に応じて、
ドーム型のオリ
インドのドラゴン用
の森エリア
ドラゴンを散歩に連れて
いくとき用の門

納屋

囲い地に入るため
のドア
外へのドア

川の住まい

ピアサ用の崖
（ドーム型のオリは
描いてありません）
柵
タラスクが棲む川

湖の住まい

柵
ボート小屋
桟橋
シードラゴンの住みか
竜王の宮殿（水中）

ドラゴンがやってきました！

住まいの準備がすべて整ったら、取扱業者に連絡しましょう。卵を注文した場合、あなたのもとに直接届きます。水生ドラゴンの場合、業者は特別な水槽に入れて出荷しますが、陸生ドラゴンは、送ってもらうことも、迎えにいって家まで同行することもできます。後者を選択した場合、ドラゴンを運ぶ方法をいくつかあげましょう。

小型ドラゴンを運ぶ

ドラゴンの卵、小さな子どもドラゴン、小型ドラゴンを運ぶ主な方法はふたつあります。

車で

販売業者と同じ国、あるいは大陸に住んでいて、あなたのドラゴンが小さい場合、自動車、バン、トラックで運べます（距離とドラゴンの大きさにかかわらず、自転車のかごやオートバイのサイドカーでの搬送は安全性を欠くため、おすすめできません）。けれど、車のトランクには入れないようにしてください。通気性がなく、ガソリンの嫌な煙が充満しているかもしれません。また、車の大きさに関係なく、ドラゴンの入った箱はシートベルトで固定し、できれば後部座席に置いてください。

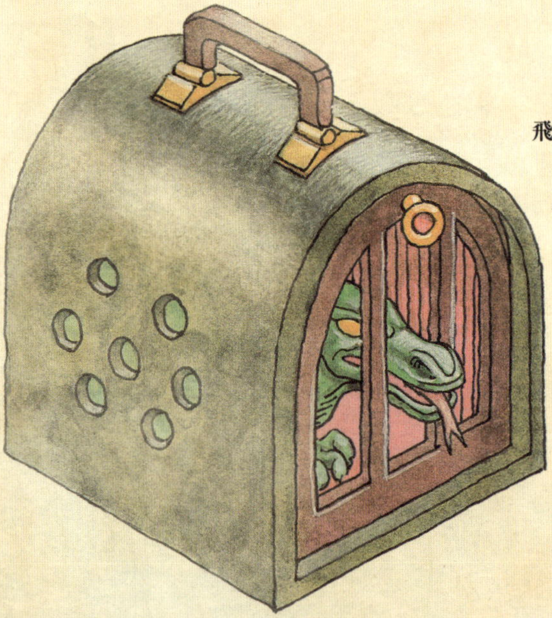

飛行機で

旅客機なら、一定の大きさの動物まで、荷物として対応してくれます（小さなドラゴンなら、キャリーに入れて座席の下に置くことも可能です）。でも、空港でドラゴンの入ったキャリーをもっていたり、車で運んでいたりしたら、なかをのぞいた人たちは驚くことでしょう。

大型ドラゴンを運ぶ

距離と場所にもよりますが、大型の成ドラゴンを運ぶ方法はいくつかあります。複数の方法を組みあわせてもいいでしょう。

飛行機で

貨物用の飛行機で輸送しなければなりません。

船で

何カ月もかけてドラゴンの住まいを建設した後ですから、船の旅でのんびりとくつろぐのもいいでしょう。デッキに座り、特別な動物をのせた箱舟に乗っていると考えるのも楽しいかもしれません。

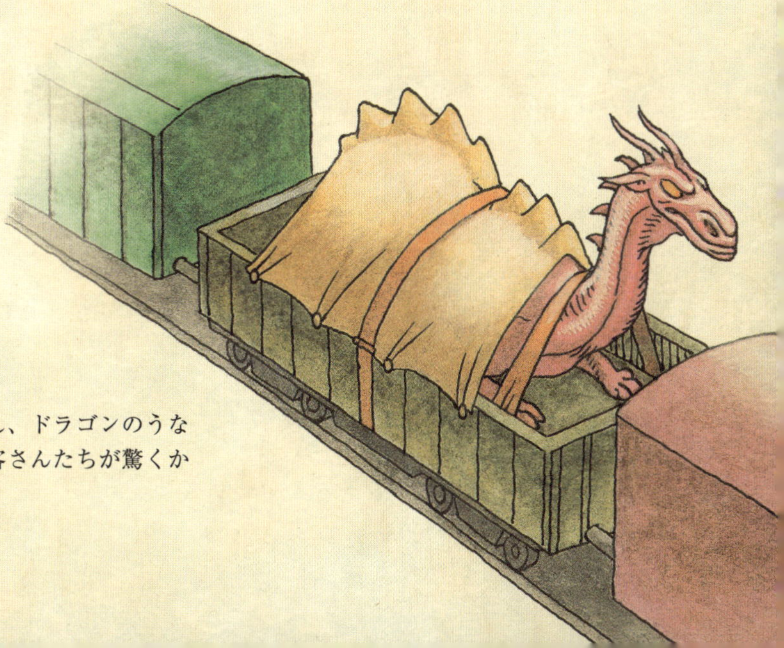

電車で

家畜輸送用の列車の場合、ほかの動物の安全が危ぶまれ、ドラゴンは許可されないおそれがあります。サーカスが所有する貨物列車か、石炭の輸送列車のほうが、手配しやすいかもしれません。

車で

セミトレーラーを借りれば十分でしょう。ただし、ドラゴンのうなり声、ほえ声に、トラックサービスエリアのお客さんたちが驚くかもしれません。

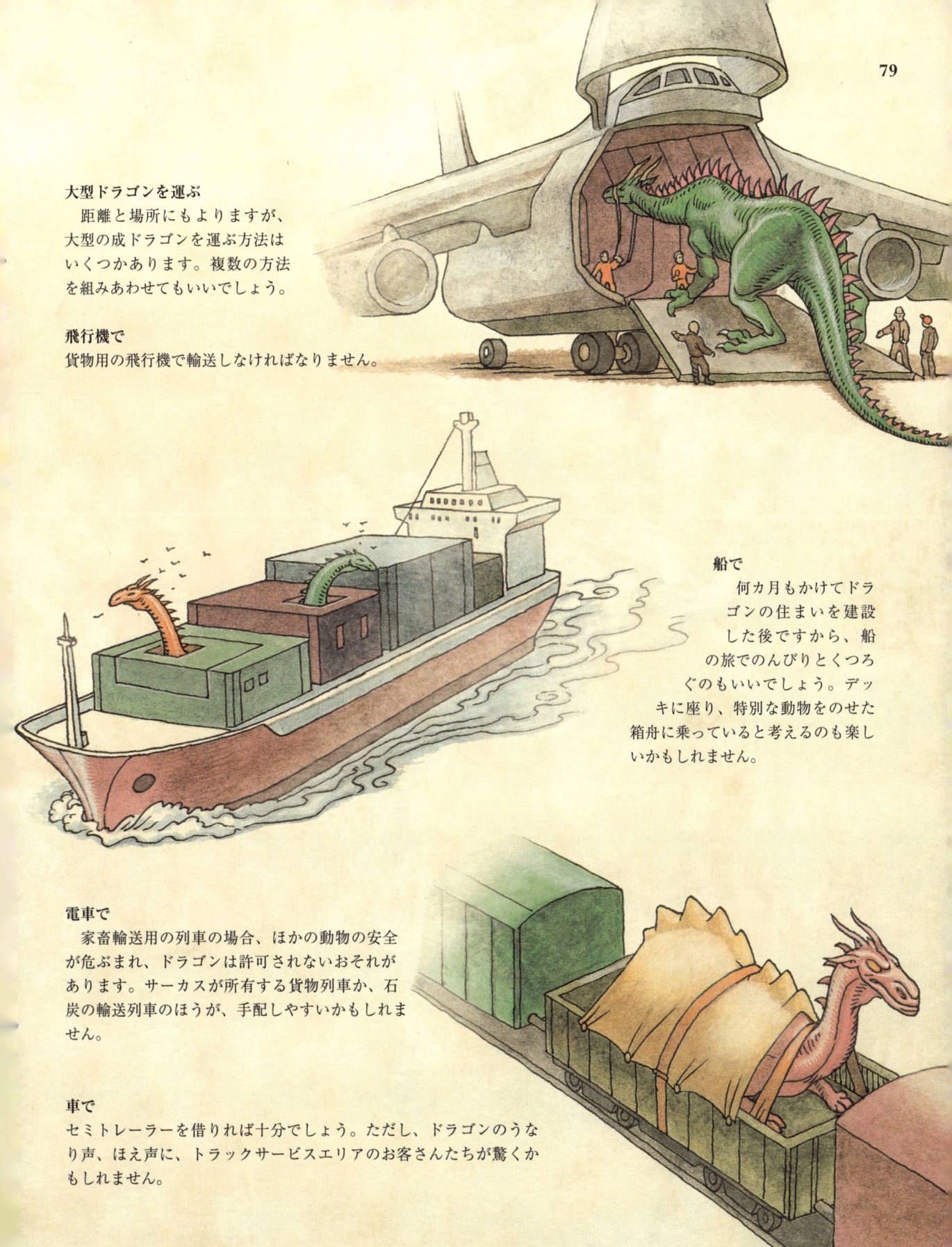

ドラゴンの卵を孵す

野性の母ドラゴンは、通常、朽ちかけの植物で巣を作ります。腐敗する際に熱を発生するからです。母ドラゴンは卵を置くと、それを巣と同じもので覆い、それから孵るまでの数週間、辛抱強く見守ります。大切な卵を侵入者から守るため、小山状の巣にぐるりと巻きつくこともよくあります。ドラゴンの卵を孵そうとする飼育者も、母親代わりとして、卵がちゃんと孵る状況をつくってあげなければなりません。

卵を温める前にすること

ろうそくで透かして見る

業者から送られてきた卵の形と色を見て、あなたが注文した品種であることを確認した後、ろうそくの灯りで卵を透かし、黄身の数がひとつかどうか調べましょう。明るい光にかざせば、ドラゴンの小さな心臓が脈打っているのがわかるはずです。もしこれらの徴候がなければ、卵を業者に返品して、交換してもらいましょう。

卵の保管

孵卵を始めるまで、卵は休眠状態にあります。受けとってから６日までは、直射日光のあたらない、涼しくて乾燥した場所に保管しましょう（12℃が理想です）。卵を保管している期間が長ければ長いほど、卵が孵るのにかかる時間も長くなります。

0-4時間

5-8時間

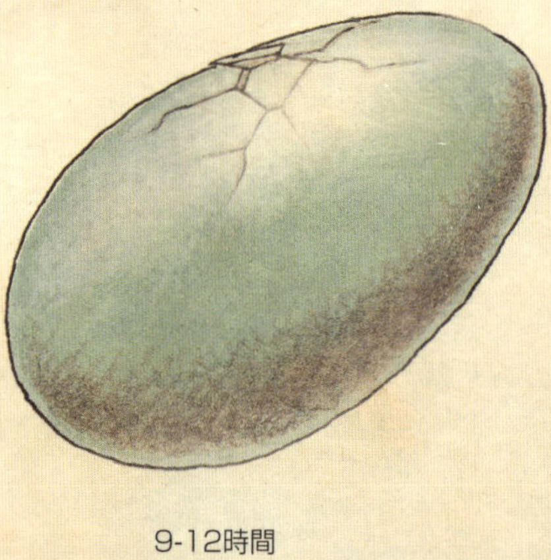

9-12時間

孵卵器

必要な機能

ほかの動物と同様に、ドラゴンの孵卵器／保育器も、空気流、温度(37.5℃)、湿度を一定に保たなければなりません。孵化の様子が観察できるよう、孵卵器はなかが見えるタイプがおすすめです。孵化までの時間は、品種によって異なります。販売業者に確認してください。

注記： *東洋のドラゴンは卵が孵化するまで最長3000年かかりますので、販売業者は売りに出す前に、卵の年代を見きわめ、もうすぐ孵化するものを選ばなければなりません。また、大型の東洋のドラゴンは、生後すぐに成体と同じ大きさになりますので、屋外で孵してください。*

大きさ

まず、孵卵器／保育器の大きさは、あなたの購入したドラゴンが小型か大型かによります。小型ドラゴンの卵は、ガチョウの卵とほぼ同じ大きさですが、大型のドラゴンになると、22.5×30センチほどになります。マダガスカル島で見つかった有名なゾウチョウ、エピオルニス・マクシムスの卵の化石とほぼ同じ大きさです。

卵にひびが入り、ドラゴンの小さな舌やかぎ爪が殻からとび出したときは、きっとうれしくてぞくぞくするでしょう。完全に殻から出るまでは、最長で24時間かかります。

ドレーク孵卵器

世界トップのドラゴンの
孵化システム

1956年に創立したドレークは、世界初の――そして、現在も唯一の――ドラゴン専用の電子孵卵器メーカーです。ドラゴンの卵を孵すお客さまのご要望にこたえ、精巧かつ使いやすい機器を幅広くとりそろえています。

すべてのドラゴンに対応する
サイズがあります。

全品種対応。
ご満足を保証いたします。

ドレーク孵卵器
アメリカ合衆国、フロリダ州オーランド
サンライズ通り101番地

「無限ドラゴン」誌、2000年1月／2月号より

13-16時間　　17-20時間　　21-24時間

コミュニケーション

ドラゴンが新居に落ちついたら、時期を見て、コミュニケーションをとりはじめ、ドラゴンのボディ・ランゲージを学びましょう。お互いに理解し、敬意を払うことで、あなたが望み、ドラゴンにもふさわしい、豊かで満足のいく、永続的な関係がはじめて築けるのです。

自己紹介

ドラゴンとふれあう最初のステップを紹介しましょう。

・ドラゴンに近づくたび、あなた自身について、またあなたとドラゴンの関係について、合図をおくります。孵化したばかりの幼ドラゴンは、人間の赤んぼうのように、飼育者を「親」と認識するようになります。すぐに周囲の環境、給餌パターン、そしてあなたの存在を受けいれるでしょう。一方であなたは、そのドラゴンの品種、潜在的な気性、徐々に現われてくる性格を考慮しなければなりません。ドラゴンの年齢が上であればあるほど、互いを知り、信頼するまでに時間がかかります。

・動きまわれるようになるとすぐに、ドラゴンはまわりの探険を始めます。あなたもその場にいて、あなたが新しい環境の一部であるとドラゴンが理解できるようにしましょう。

ドラゴンのボディ・ランゲージ

しぐさや表情に、ドラゴンの気持ちや考えが現われます。けれど、ひとつのしぐさが、ふたつ以上の意味をもつこともありますので、注意してください。ドラゴンと親しくなれば、気持ちが読みとりやすくなるでしょう。

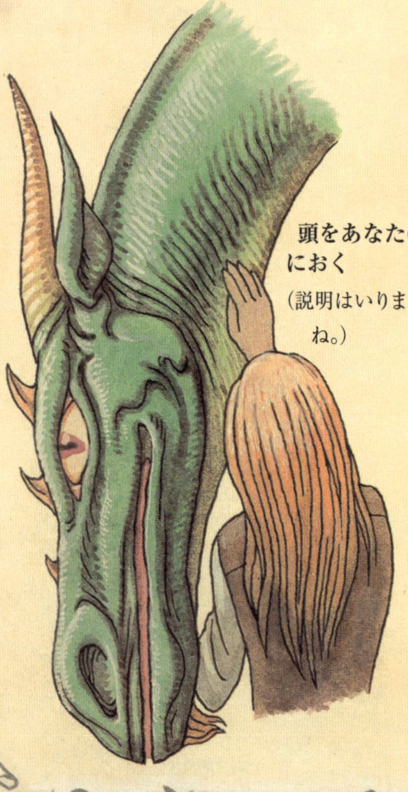

頭をあなたの肩におく
(説明はいりませんね。)

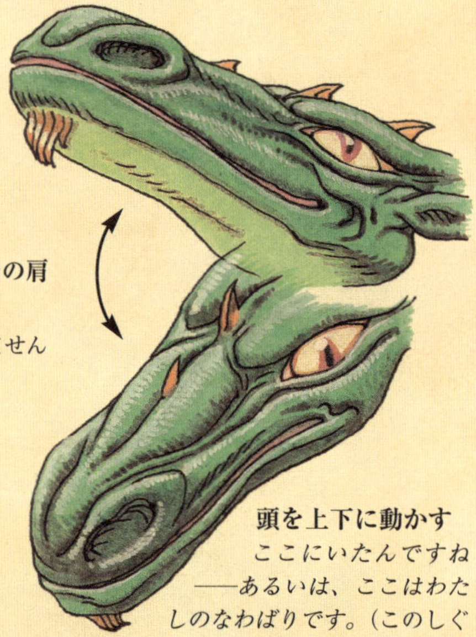

頭を上下に動かす
ここにいたんですね——あるいは、ここはわたしのなわばりです。(このしぐさはあいさつのように見えますが、通常は、じぶんのほうが優位だと主張したり、そばによらないように警告したりしています。)

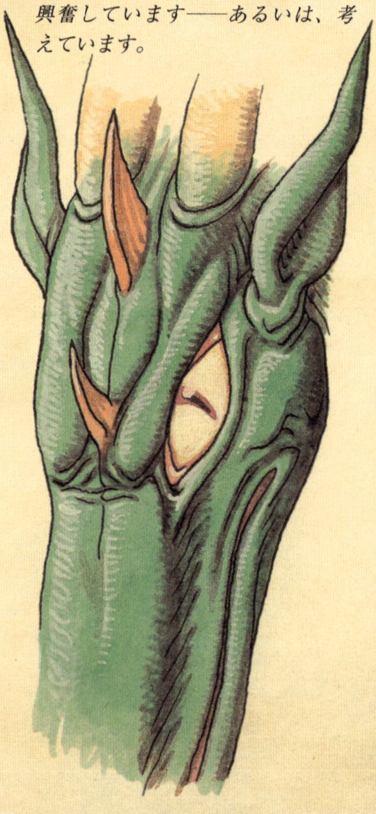

瞳孔が縮まる、あるいは拡がる
いらいらしています——あるいは、興奮しています——あるいは、考えています。

わたしのロウィーナは、
ギターが好きです。

・ドラゴンが来て一週間は、できるだけ一緒にすごしましょう。若いドラゴンなら手からえさをやってみたり、もっと年齢が上のドラゴンなら目の前でえさと水を用意したりします。ドラゴンを名前で呼び、あなたの声を認知していけるようにやさしく話しかけてください。鼻歌をうたうことも、とくに生まれたばかりのドラゴンには有効です（ただしドラゴン退治のお話はしないように）。弦楽四重奏曲、ハープ、リュート、クラシック・ギターの曲のような、落ちついた曲を流すのもおすすめです。あなた自身が演奏できるなら、なおさらいいでしょう。

目を閉じる
満足です。──あるいは、かまわないでください。──あるいは、ねむいです。

口を開ける
熱いです。──あるいは、あくび。（ときどき、わたしがあくびをすると、ロウィーナもまねします。）

炎を吐く
ストレスがたまっています。──あるいは、怒っています。──あるいは、ちょっと炎が吐きたかっただけ。

えさ

ドラゴンはもともと肉食です。昔は、餌食を——角、ひづめ、皮、背骨ふくめ、すべて——むさぼり食うと有名でした（ドラゴンの糞には、ねじれた鎧やつぶれた兜が混ざっていたという話もあります）。けれど、ヒツジ、ウシ、ウマといった家畜を、ドラゴンの食欲を満たせるだけ用意するのは現実的な話ではありません。現代の品種は——幼ドラゴンでも成ドラゴンでも——カルシウムとビタミンDを強化した、現代の形のえさが必要です。

幼ドラゴン

卵から孵ったばかりのドラゴンも、本来、成長したドラゴンと同じように肉食で、いろいろなものを食べます。

まず、ドラゴンの卵の殻を記念にとっておこうということは考えないでください。殻は、卵から孵ったドラゴンの、最初の食べものになるのです。その後は、孵ったばかりの西洋ドラゴンと東洋ドラゴンが大喜びする栄養たっぷりの、わたしのレシピをご紹介しましょう。少量から始めて、成長するにしたがい量を増やし、回数を減らしてください。

なお、このレシピは、大型の幼《よう》ドラゴン用です。小型の場合、カップを大さじに置きかえてください。どちらにしても、回数を１回へらすごとに、１回の量を４倍にしてください。

赤ちゃんドラゴン用フード（西洋のドラゴン）

牛乳　1/4カップ
ほぐしたはちみつケーキ　1/4カップ
ビタミンD入りカルシウム剤
よく混ぜてから、あげてください。

赤ちゃんドラゴン用フード（東洋ドラゴン）

クリーム　1/4カップ
細かく砕いた竹の子　1/4カップ
ビタミンD入りカルシウム剤
よく混ぜてから、あげてください。

与える回数

生後１-２カ月　１日４回
生後３-４カ月　１日３回
生後５-６カ月　１日２回
生後6カ月以降　成ドラゴンと同じ

陸生の成ドラゴン

陸生のドラゴンの場合、孵化したばかり時期をのぞいて、全品種用フードをおすすめします。ウェットタイプとドライタイプがありますので、業者に注文しましょう。どちらも、樽につめてトラックで運ばれてきます。与える量と回数は、ドラゴンの大きさ、品種、必要性によって異なります。ここでは、ウェットタイプのラベルに記載してある情報を紹介しましょう。

原材料：
去勢牛副産物、グアルガム、カリウム塩化物、加水分解大豆たんぱく質、トリポリ酸ナトリウム、天然水、酵母菌エキス、塩、こしょう、牛肉副産物、自然調味料、象副産物、カラギーナン、硫酸亜鉛、真珠、チアミン硝酸塩、ベイリーフ、カレー粉、硫酸銅、青銅、はちみつ、羊副産物、ビタミンD入りカルシウム剤、金、サフラン、ナイアシン、ビオチン、カラメル色素、にんにく、鉄分、こおろぎ副産物、リボフラビン

トイレのしつけ

口から入ったものは、ちがう形で出てきます。幼い陸生ドラゴンには、トイレボックスを使用する訓練が必要です。成体から飼いはじめた場合は、すでに一定の場所で排泄するようにしつけられているでしょう。

水生の成ドラゴン

あなたの湖に棲む大型の水生ドラゴンは、魚や海草を食べます。神秘的な東洋の水生ドラゴンも、自分で食べ物を探すでしょう。水陸両生のタラスクと、崖で暮らすピアサは、陸上に肉を用意しなければなりません。小型ドラゴンの場合、水槽で飼うドラゴン用の魚餌をふくめて、大型品種と同じものを量を減らして与えてください。

健康管理と手入れ

世界じゅうの飼育者が、ドラゴンの健康管理と手入れについて質問の手紙を送ってきます。ここで、よくある質問をいくつか紹介しましょう。

健康管理

質問　ドラゴンを運動させる必要はありますか？

答え　もちろんです。小型でも大型でも、あなたのドラゴンが標準的な訓練を受けたら、毎日外に連れていってください。ドラゴンと、あなたの健康のためです。それに、歩くのは楽しいですし、ふたりの絆も強くなります。

質問　ドラゴンがいちばんかかりやすい病気はなんですか？

答え　代謝性骨疾患（MBD）です。カルシウムが不足すると、あごの骨が柔らかくなる「ゴムあご」になり、脚の骨も弱ってしまいます。予防には、カルシウムとビタミンDを補足した食餌を与え、紫外線（UV）を浴びるようにします。

質問　ドラゴンの体調が悪いかどうかはどうやって見わけますか？

答え　ドラゴンの習慣や体つきなどの健康記録を毎日つけることをおすすめします。食事、睡眠、元気、うろこの色、糞の色や硬さなどを見ると、体調の変化がわかります。異常が続くようでしたら、獣医師に相談してください。

質問　信頼できる獣医は、どうやって選べばいいでしょうか？

答え　犬猫病院はどこにでもありますし、田舎でしたら牛や馬のような大型動物を診療する獣医がかならずいます。しかし残念ながら、雑誌「無限ドラゴン」でも動物病院の広告は見たことはありません。また、ドラゴンの治療を専門とする獣医は聞いたこともありません。そこで、は虫類を扱う獣医が次善の策になります。ただ、近所でそのような専門医を見つけるのはむずかしいでしょう。地元の獣医に相談してみて、若い、または小型ドラゴンを連れていってもだいじょうぶそうか、あるいは大型ドラゴンの往診を頼んでもよさそうか、決めてください。

著者メモ

以前、近所の獣医、ゴーディ・ミラー先生と、ドラゴンの健康について話したことがあります。先生はこういいました。「わたしやあなたといっしょですよ。食事に気をつけて、運動をして、それから……」先生は満足げににやっと笑いました。「たばこを吸わないことですね」。それ以来、ミラー先生とは連絡をとっていません。

質問　ドラゴンからサルモネラ菌がうつることはありますか？

答え　はい、ドラゴンはサルモネラ菌をもっていることがあります。ドラゴンを触る前と後は、石けんとお湯で手を洗い、いつも清潔を保ちましょう。

質問　「口の腐敗」ということを聞いたことがあります。炎を吐くことにも、なにか関係してきますか？

答え　まったくありません。口の腐敗は、ドラゴンの口の外に感染してできるものです。すぐに、抗生物質で治療しましょう。治療しないと、菌が広がって命にかかわります。

質問　ドラゴンの耳にダニがついています。どうやってとればいいでしょうか？

答え　ほかの動物から寄生虫をとってあげるのと同じです。ピンセットか鉗子《かんし》を使いましょう。それから、アルコールでふいてあげましょう。

手入れ

質問　大きくなったときに危険が軽減できるように、獣医に頼んで幼ドラゴンの爪を除去してもらったり、翼を切ってもらったほうがいいですか？

答え　ぜったいにやめてください。ドラゴンの力を抑えてしまうことは、第一にとても残酷ですし、第二に、貸し出したり品評会に参加する際に評価が下がります。

質問　どうやってドラゴンをお風呂に入れたらいいですか？

答え　十分に気をつけてください。いきなり陸生の幼ドラゴンをつかんでたらいに突っこんではいけません。死ぬほどおびえて、爪でひっかいたり噛んだりするかもしれませんし、炎を吐けるものは吐いたり、しっぽで強く打ってくるかもしれません。数週間か数カ月間、ドラゴンにやさしく接して信頼関係を築いてから、はじめてお風呂に入れてください。それでさえ、徐々に慣らしながら入れるべきです。

まずは、やわらかい布をお湯で湿らせて、ドラゴンの体をふきます。これを何度もくりかえしてから、たらいのところへ連れていきます。ドラゴンをしっかりと抱え、毎日、少しずつお湯につけていきます。石けんはけっして使わないでください（目に石けんが入ったら、いきなりお湯に入れられるのと同様に、ドラゴンはパニックになります）。それから、かわいたやわらかいタオルでドラゴンを包みましょう。このようにすれば、お風呂に入ることを喜ぶようになります。

大型の陸生ドラゴンを洗う方法は、まったく異なります。ですが、まずは時間をかけて信頼関係を築いてください。そのうち、桶から水を飲んでいるときに、タオルを水にひたして肩をぬぐえるようになるでしょう。慣れたら、体全体をふいてください。十分に気をつけていれば（そして、ドラゴンを怒らせなければ）、やがてホースや柄の長いブラシで洗えるようになるかもしれません。

質問　ドラゴンのうろこは磨いたほうがいいのでしょうか？

答え　ドラゴンがそうさせてくれるなら、磨いてもかまいません。ただ、覚えておいていただきたいのは、うろこの自然な輝きを強めるのは、ドラゴンの健康のためというよりも、人間の見物客（たとえば品評会の審査員）のためです。なお、大型のドラゴンを磨くときは、はしごがいります。

著者メモ

わたしの左腕の上部にある傷あとは、はじめてロウィーナの爪の手入れを行なったときにできました。ロウィーナはわたしを傷つけるつもりはありませんでした。ただ、のびをしただけです。そして、すまなそうな目をしていました。

質問　ドラゴンのかぎ爪は手入れするべきでしょうか？　また、手入れの方法は？

答え　野性のドラゴンなら、かぎ爪があることは自然の目的にかなっています。しかし、安全面から、飼育者は針のように鋭いドラゴンの爪を短く切ったほうがいいでしょう。敏感な部分ですので、入浴のときと同じように、長期間にわたって築いたドラゴンとの信頼関係が必要です。若い、または小型のドラゴンは、は虫類用の特別な爪切りがおすすめです。大型ドラゴンには、板金用はさみを使います。肉まで切らないように注意してください。血が流れて、ドラゴンが怒りますから。

第4部

ドラゴンを訓練する

　さて、ドラゴンはあなたと環境に慣れ、あなたはドラゴンの性格と能力がよくわかったことと思います。そこで、訓練を始めましょう。あなたとドラゴンの両方が楽しみ、充実する活動ができますよ。コミュニケーションがとれるようになるにつれ、ドラゴンといっしょにおたがいを「訓練」していることがわかるでしょう。

訓練を始めましょう

あなたのドラゴンは小型ですか、若いですか、あるいは大型ですか？　脚は、２本、４本、もしくは６本、それとも脚がありませんか？　翼はありますか？　頭はひとつ以上ですか？　陸生、または水生ですか？　西洋、それとも東洋のドラゴンですか？　大きさ、品種によって訓練に必要な道具と技術が異なります。ページ数もかぎられていますので、わかりやすく、陸生の西洋ドラゴンを訓練すると想定しましょう。

これからの訓練は、ほかのドラゴンにも適用できます。

準備

第１段階

何カ月もかけてドラゴンと交流し、心を通わせ、信頼関係を築けたら、ドラゴンのサイズ――小型または幼ドラゴンは首の直径、大型ドラゴンは頭――を測りましょう。もちろん、十分に注意して行なってください。怖がらせたら、噛まれたり、炎を吐かれたりしますし、入院に時間がかかることはもちろん、信頼を回復するまで何カ月もかかります。

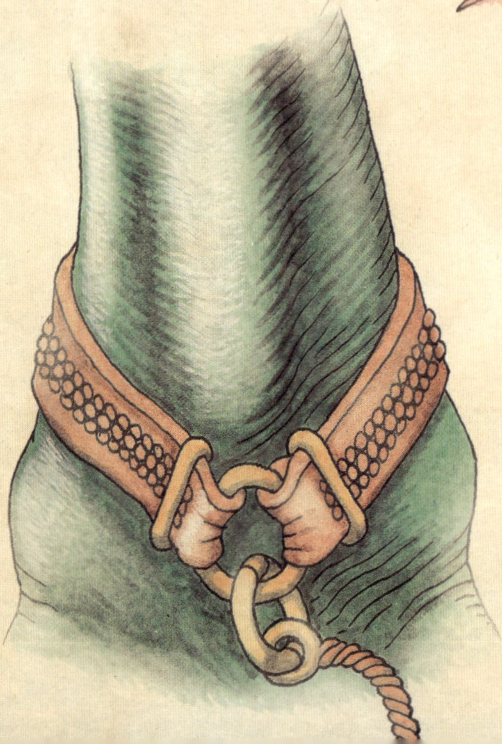

第２段階

ドラゴンの品種、名前、年齢、大きさを明記して、取扱業者に適切な訓練道具を注文しましょう。これらの道具は、ドラゴン用の特別なものです。たとえば、首輪やなわは、強度と耐久性に優れた上質の鎖かたびらでできていて、ドラゴンの繊細なうろこを傷つけないためにビロードで包んであります。引き綱やリードは、高い伸縮力のある針金を編んでつくります。

第3段階

道具が届いたら、さっそく訓練を開始しましょう。ドラゴンのとなりにすわり、名前を呼んでください。じっと目を見つめながら、「いっしょにがんばる」（訓練する）ことで、どれだけ楽しくすごせるか、敷地外をいっしょに散歩したり品評会で競えたりできることなどを説明してあげてください。あなたのことばを、ドラゴンが理解している必要はかならずしもありません。あなたの身ぶり手ぶりやことばに、友情を感じとれるでしょう。昔からドラゴンが大好きなはちみつケーキをあげてもかまいません。ごちそうがあれば、ドラゴンは少しはいうことを聞いてくれるでしょう。

著者メモ

わたしは、ドラゴンに関しては、「服従訓練」ということばがきらいです。若い、あるいは小型のドラゴンは、数カ月かけて友好関係を築けば、喜んでいっしょに新しい経験を楽しんでくれるでしょう。訓練はいろいろな活動をする機会をドラゴンに与えるものと思えば、ドラゴンといっしょに、よりよい生活がおくれます。

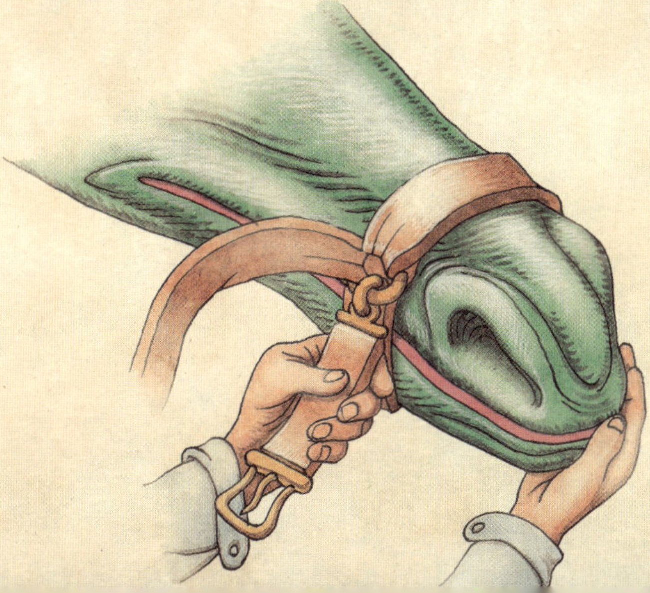

第4段階

ドラゴンに道具を見せて、調べさせてあげます。ビロードにむかって炎を吐かないように、注意してください。注意して、ゆっくりと、やさしく声をかけながら、最初の道具をドラゴンにつけます。小さなドラゴンには首輪、大きなドラゴンには端綱がいいでしょう。

訓練——小さなドラゴンの場合

小型または幼いドラゴンに首輪をつけるという大きな段階は乗り越えました。ドラゴンが新しい生活の必需品に慣れるまで、1週間は待ちましょう。それから、次の訓練に進み、リードをつけてみます。さらなる訓練の準備として、ここでじっくりと進めていき、将来的にはドラゴンの品評会へ出場を目指します。

「来い」

リードをドラゴンの部屋か、野外の敷地内にもっていき、床または地面におきます。ドラゴンの横にすわり、指さしながら「リード」といって教えます。ドラゴンはごく自然に、あなたが住みかにもってきたものに興味をもつでしょう。ドラゴンの名前をやさしくくりかえしているうちに、いつか（どんなに時間がかかっても、辛抱強く待ってください）、この見慣れないリードにこわごわ近づき、いじるでしょう。やさしくドラゴンにさわりながら、ささやくか、鼻歌をうたってください。リードのはしをもち、ドラゴンを驚かせないように気をつけながら、首輪に取りつけます。ドラゴンにごほうびのはちみつケーキをあげてください。

リードをつけて歩きましょう

さらに時間がたてば、ドラゴンがリードを引きずって歩くでしょう。ついて歩き、最終的に綱のはしをつかみ、さらにドラゴンの後をついていきましょう。

「つけ」

リードならしを何日間か続けたあと、ドラゴンを近くに呼んでみましょう。空いている手を下ろしてリードにおき、ドラゴンと並んで歩きましょう。加えて、「つけ」という命令を出してください。その後数日間、歩きながら左右に曲がってみましょう。

「おすわり」／「待て」

リードを伸縮リードに変えましょう。たっぷり何分か歩いたら、止まります。ドラゴンの前にいき、座るように口頭で命令を出しながら、腰のあたりをやさしく押しましょう。座ったら、片方の手のひらをドラゴンの目の前にかざし、そのままでいるようにいってください。手を掲げたまま、リードの届く範囲までゆっくりと後にさがり、それからドラゴンのもとに戻ります。上手にできたら、おやつをあげましょう。毎日この練習をくりかえしてください。

「飛べ！」

あなたのドラゴンに翼があって、まだ飛んだことがなければ、ゆっくりとリードをドラゴンの頭上にもちあげて「飛べ」と命令を出しましょう。ドラゴンが翼をぱたぱた動かします。体のむきを変えながら、リードをさらに高くあげると、ドラゴンは空中に浮かび、あなたの上でまわるでしょう。それから、鷹匠のように笛を吹きながらリードを下ろして、ドラゴンをおすわりの体勢にもどします。そのうちにドラゴンが十分慣れたら、リードなしで行ないましょう。

敷地外へ行く

十分に訓練ができたら、ドラゴンを敷地の外へ連れていってみましょう。最終的には、リードをはずすことが目標です。

訓練——大型ドラゴンの場合

驚くことではありませんが、大型ドラゴンの訓練は、小型向けの訓練とは異なります。ドラゴンの大きさとそれにともなう体力で、できること——あるいは、できないこと——は決まります。大型ドラゴンは、自分で行動を選びます——飼育者が押しつけることはできません。不快そうなしぐさをしていないか、気をつけてください。もしドラゴンが訓練の指導に従わなければ、行なおうとする活動の意味が理解できるようにしてみてください。楽しそうだと思ったら、ドラゴンはあなたといっしょに行動してくれるでしょう。

リード

ほんとうは、「リード＝先導」はあやまったいいまわしです。ドラゴンが興味をもてば、いっしょにのんびりとたのしく散歩できるでしょう。

ドラゴンが端綱に慣れたら、注意しながらリードをつけましょう。リードは、留め具から15-20センチ下あたりで、両手でゆったりともちましょう。その際、安全のため、ドラゴンの左肩から30センチほど離れて立ってください。終始やさしく話しかけ、ドラゴンがいっしょに動くよう、ゆっくりと前に進みます。踏まれないようドラゴンの足どりに合わせながら、敷地内を歩きまわります。この訓練を、数週間、毎日続けてください。

敷地内を何度も歩いて自信がついたら、思い切って外に行ってみましょう。敷地のまわりを歩くことから始めて、だんだんと距離をのばしていきます。最終的に、リードをはずして、丘や川岸の木陰で午後じゅうたっぷりと楽しくすごせるでしょう。食べものと、読みきかせ用の本をもっていってください。

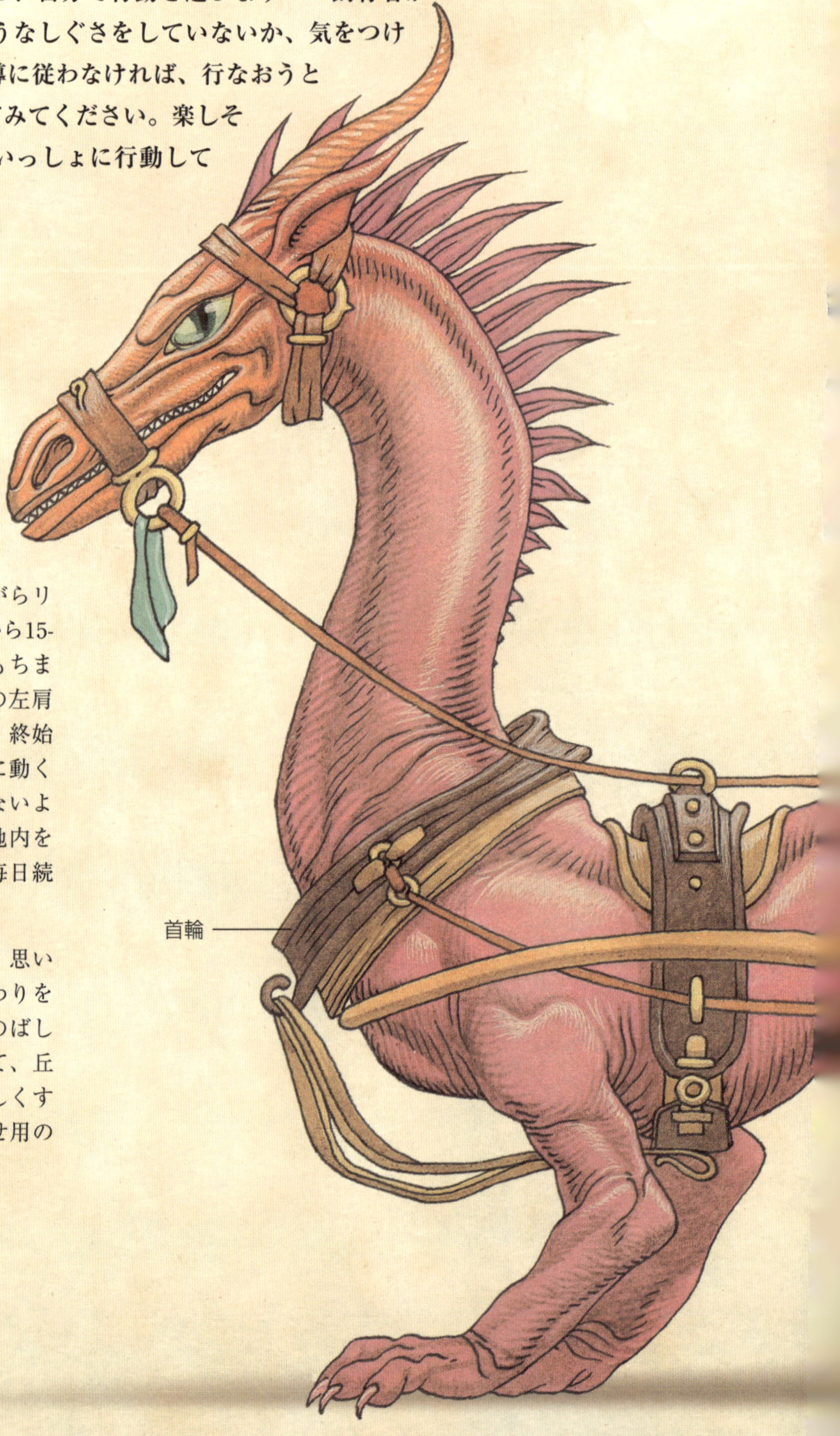

綱

綱をつけてドラゴンを歩かせることは、敷地内で荷車を引かせたり、品評会で２輪戦車のイベントに参加する練習になります。

まず、最初のうちは、だれかに協力してもらって訓練しましょう。胴まわり、肩幅、頭の大きさを測り、業者に引き具を注文します。はじめて引き具をつけたら、はみに長い綱をまわし、引き具の輪に通してください。それから、協力者に先導してもらい、手綱をもってうしろからついていき、敷地内をまわりながら、ドラゴンに方向を示すコツを身につけましょう。

やがて、２輪で軽めの荷車か戦車をドラゴンにつけて、人けのない田舎道を歩いたり、品評会で競ったりできるようになるでしょう。

古代の2輪戦車

西洋のドラゴンは、魔女メデイアの戦車を引いて空を駆けていました。東洋のドラゴンは、中国の皇帝の２輪車を引っぱり、雲や波のあいだを駈けぬけました。

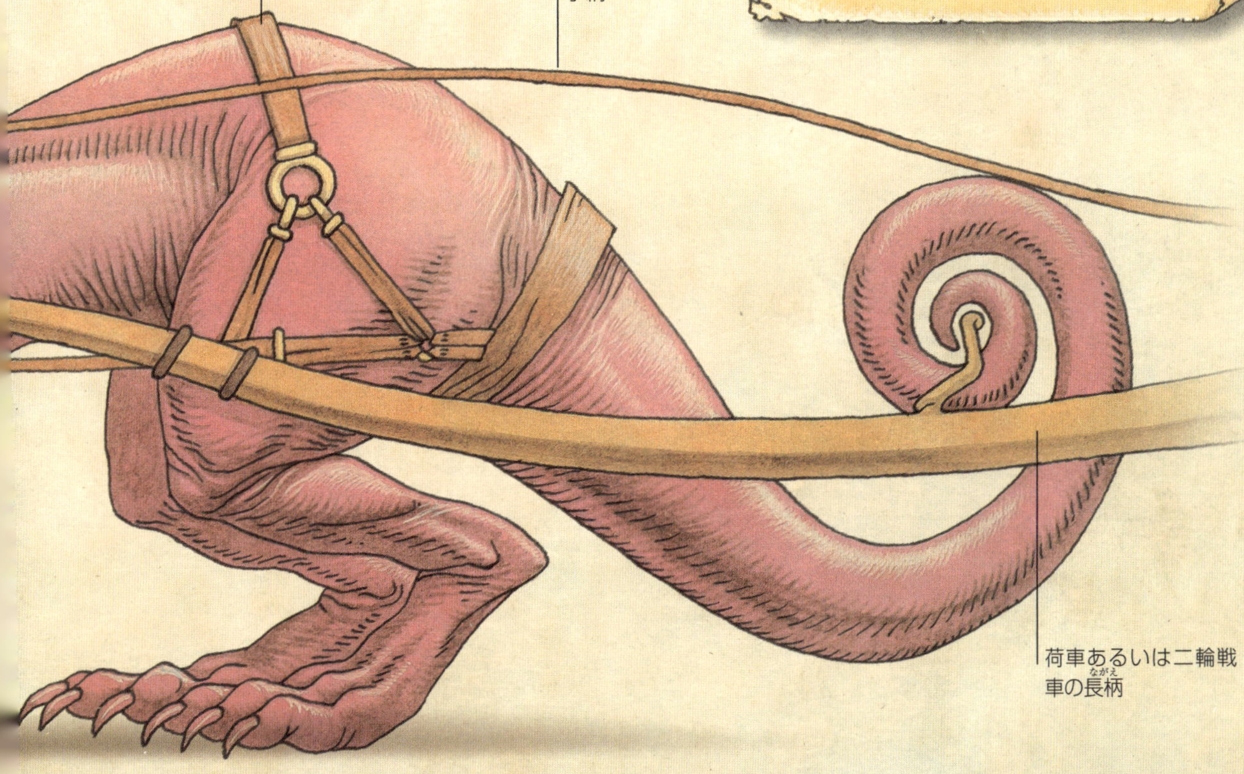

ドラゴン乗り
——陸生ドラゴンの場合

ここからは、小型ドラゴンでは味わえない楽しみです。大型ドラゴンは成体（だいたい3歳くらい）になると、乗れるようになります。乗るためには、ドラゴンも乗り手も長期にわたって訓練が必要ですが、ドラゴンを育てる大きな喜びになるでしょう。品種によって、必要な鞍や乗り具は異なりますし、手応えも変わりますので、いろいろな冒険が味わえます。

品種と乗り具

品種によって、体格的に、あるいは気質的に、ドラゴン乗りに向き不向きがあります。訓練とドラゴン乗りが比較的楽か、あるいは大変かも、飼う品種によります。

それでは、いくつかの品種用の乗り具と引き具、そしてドラゴンの飼育者が直面するドラゴン乗りの難関を紹介します。これらの例を参考にしていただければ、あなたのドラゴンに乗るための特別な道具と技術について予想がつくでしょう。

昔ながらの馬勒
長い手綱（ドラゴンの首が長いため）
軽い鞍
鐙《あぶみ》

ムシュフシュ（シルシュ）

首が長く、背筋がぴんとのびた、バビロニアの神々の仲間であるムシュフシュは、体型がもっとも馬に近く、ドラゴンのなかでいちばん俊足です。いつも神に仕えていたため、容易に訓練できます。ただ、首が長いため、頭が乗り手の目線より高くなってしまい、乗り手は前方を見にくくなります。

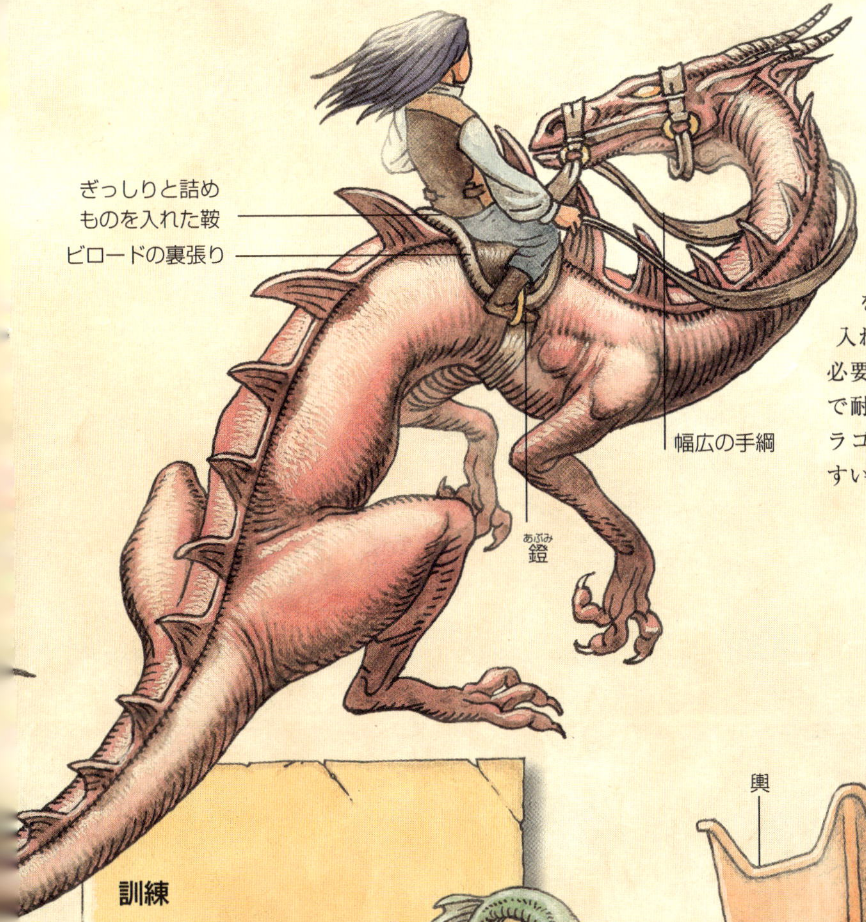
ぎっしりと詰め
ものを入れた鞍
ビロードの裏張り
幅広の手綱
鐙《あぶみ》

西洋のドラゴン

背中が装甲をほどこしたような形状をしているため、ぎっしりと詰めものを入れてビロードで裏張りした、特別な鞍が必要です。炎を吐きますから、手綱は幅広で耐火性でなければなりません。西洋のドラゴンは、２脚のワイバーンよりも乗りやすいです。

訓練

馬術の経験は、あればあるほど助かります。経験がなくても、順をおって練習しましょう。特製の馬具と乗り具が届いたら、通常の乗馬と同じように、ドラゴンの訓練を行なってください。

馬勒をつける　多頭ドラゴン以外は、簡単にできるでしょう。

鞍を置く　ドラゴンが十分鞍に慣れてから乗ってください。

乗る　はじめて鞍に乗るときは、ものすごく緊張して当然です。

速歩、駆け足、全速力　ドラゴン（とあなたの神経）が可能なかぎり、どんな走り方も試してみてください。

野外で　最終的には、ドラゴンといっしょに敷地外へ出かけられるようになるでしょう。

手綱
輿
口輪
簡単に取りはずせる腹帯

タラスク

とげのついた甲羅をもつ、６本脚のタラスクは、鞍メーカーにとって、ほかのドラゴンとは違う問題となりました。タラスクの背中に合うような輿を、工夫して作らなくてはなりませんでした（タラスクは水陸両生ですから、水に入るときのために取りはずし可能なものとなっています）。ライオンの頭をもっていますので、馬勒ではなく口輪をつけてください。

ドラゴン乗り
――水生ドラゴンの場合

水生ドラゴンを入手するのは、この品種と同じくらいめずらしい飼育者です。彼らは、さまざまに変化する水の匂いと雰囲気を愛しています。ボート乗り、水泳、光のさしこむ水中へのダイビングをぞんぶんに楽しむのです。敷地内に湖を所有し、水中に棲むドラゴンと、ドラゴンが与えてくれる無比の喜びのために、膨大な費用をかけるだけの資金もあります。さらに、きちんとした住みかを提供すれば、水生ドラゴンには飼育も訓練もいらないことも知っています。

シードラゴン

飼育者は、鞍も手綱もなしで、シードラゴンに乗らなければなりません。でも、まず、どうやってシードラゴンに近づけばいいでしょうか？　さらに、ドラゴンが水中に潜ったら、どうなるのでしょう？

シードラゴンに近づく

シードラゴンの胴まわりは簡単に測れますが、乗り具を装着させるのは容易ではありません。そのため、どの業者もシードラゴン用の乗り具を扱っていません。ですから、道具の助けをかりずに乗らなければならないのです。この夢をかなえるために、いくつかアドバイスをしましょう。

・シードラゴンは、たいてい夜にもっとも活発になります。満月の晩、ヨットかボートに新鮮な魚をたっぷり積んでください。
・湖の上にある丘の斜面から、高倍率の双眼鏡で水面をながめましょう。ドラゴンを見つけるまで、数時間、あるいは数日かかるかもしれません。
・ドラゴンが姿を見せたら、ヨットかボートでドラゴンのいた場所へ行き、魚を水に投げましょう。
・ドラゴンが顔を出すまで、えさやりを続けます。
・ドラゴンが慣れるまで、その動きに合わせてヨットまたはボートで漂います。歌をうたってあげてください。
・次の晩、ふたたび魚を積んでドラゴンのもとへいきます。ただし、今回は、錨をおろして、ドラゴンといっしょに泳ぎます。
・タイミングを見はからい、ドラゴンの背中にはいあがり、夜中じゅう乗ってください。潜ったら、大きく息を吸いこみ、息をとめましょう。

わたしのすてきなドラゴン
D G D D
ああ ドラゴン おお ドラゴン すてきだね ずっと どこへ いっていたの？
A D G D D
わたしは みずうみで ぼんやりと まっていた ドラゴンが ちかづいて
A D A D
くるまで ドラゴンが ゆっくりと ちかづいて くるまでね

わたしが気に入って
いるシードラゴンの歌

東洋の水生ドラゴン

前にも書きましたが、東洋のドラゴンとの接触がいちばん困難です。3000年をへて孵ったドラゴンでさえ、生まれた直後に成体の大きさに成長しますから、飼育や、訓練をすることは期待できません。おまけに、それ以後、自由に大きさと姿を変えるのです。あなたにできるのは、なにかで興味をひくことくらいでしょう。東洋の水生ドラゴンの場合も、それなりの建造物をつくったら、むこうからやってきます。

皇帝の竜船

東洋のドラゴンを惹きつける方法のひとつとして、敷地内の湖に皇帝が使用するような２階あるいは３階建ての甲板室を造ります。瓦屋根の先端には、ドラゴンの頭をかたどった飾りをつけてください。この船の構想は、朝鮮の娘と恋をした中国僧にまつわる古い話をもとにしています。僧が故郷の中国に戻るとき、娘はドラゴンに変身し、嵐の海のなか、僧の船を背にのせて運びました。

このページでは、皇帝の竜船の甲板室の絵を紹介します。職人が設計図を描く際に役立ててください。デッキ下を見てください。船の下部が逆Ｖ字になっているのは、東洋のドラゴンの背中に合わせてデザインされているためです。ドラゴンは昔の栄華が復活したようで興味をもってくれるでしょう。東洋のドラゴンは大きさを自由に変えられますから、甲板室の大きさはあまり考慮しなくてもだいじょうぶです。あなたの財政事情で船の大きさを決めてください。

きらびやかに彩色をほどこし、旗をつけ、甲板室が完成したら、湖に浮かべて、ドラゴンが現われるまでわくわくしながら待ちましょう。いつか晴れた日に、きっとドラゴンが来ているはずです。あなたがタラップを渡ったら、ドラゴンも船を動かして上陸するでしょう。

竜船レース

レース用の竜船は、皇帝の竜船よりもはるかに値段が手頃です。けれども、世界じゅうで行なわれている一般的なレース大会用の12メートルの船とは異なります。竜船には、ドラゴンの頭と尾をかたどった着脱可能の船首と船尾があり、20人の漕ぎ手が動かします。本格的なレースでは、じっさいに泳ぐドラゴンの背に席が備えつけられ、乗客が座ります。

ヴァイキングのドラゴン船

古代北欧の戦闘船は、船首がドラゴンの頭の形、船尾はヘビの尾のように巻いてありました。この細長い船が波間に浮かんだり、まさに飛ぶように満帆で進んだりする様子は、ドラゴンの基本的な力を現わしていました。

ドラゴン乗り——空生ドラゴンの場合

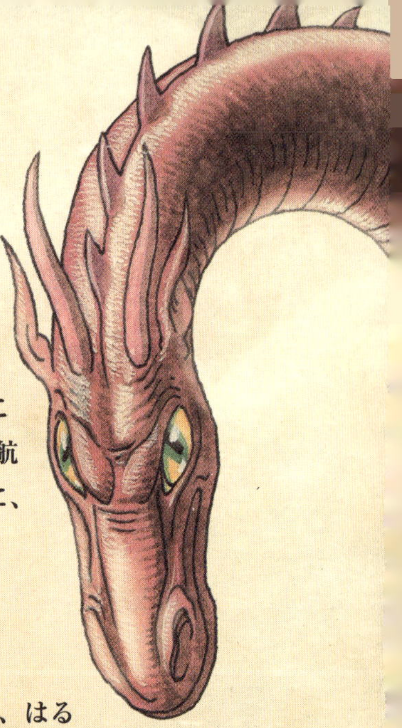

翼をもつ西洋のドラゴンを飼っていたり、あるいは東洋のドラゴンを敷地に誘いこめるようでしたら、空を飛ぶスリルと喜びが味わえます。特別な乗り具を注文し、航空管制機関に領空の予約を申しこむ必要があります。なんにせよ、万が一のために、個人情報をかならず携行するようにしてください。

翼のある西洋のドラゴン

西洋のドラゴンと東洋のドラゴンという、空を飛ぶ２種の主要なドラゴンのうち、はるかに簡単で安全なのは、西洋のドラゴンのほうです。あなたの敷地内に棲んでいるので訓練もできますし、乗り方や道具がいろいろあり、好きなものを選べます。

訓練

翼のある西洋のドラゴンに乗る準備は、翼のないドラゴンと同じように、リードと綱の訓練（96-97ページ）から始めてください。

次に、乗り具と鉄線を編んだ12メートルのロープをつけて、空中での訓練をします。ドラゴンの翼をきたえるために、敷地の中央に立ち、ロープのはしをもって、ドラゴンには上空を旋回させます。鷹匠の笛を吹いたら着陸するようにしつけてください（95ページで、翼のある小型ドラゴンで似た訓練をしています）。この練習を続けていれば、やがて離陸と着陸のタイミングを覚えてくれるでしょう。

乗り具

翼のある西洋のドラゴンに乗るには、少なくとも３つの方法から選べます。

・**鞍と手綱**　いちばん一般的な方法です。乗り手は、ジェット機の操縦士やレーシングカーの運転手のように、ベルトで体を乗り具に固定させます。ベルトは、ドラゴンの背にのせる特製の鞍に付属していて、つける位置はドラゴンの翼の前です。操縦はハンドル

「ドラゴン」

　ドラゴンが夜空を飛びながら炎を吐いたら、地上から見た人は流れ星かと思うかもしれません。けれど、中世の人たちが空の輝きを見て空に棲むヘビだと思い「ドラゴン」と呼んだこととはちがい、こちらはほんもののドラゴンが吐いた炎です。

ではなく、手綱で行ないます。グリップを落として乗り手が手綱をコントロールできなくなっても、いずれにせよ、そのうちドラゴンは旋回しながら着陸場所にむかいます。

・**ゴンドラ**　ドラゴンの腹の下でつりかごに座るのは、背中に乗るより怖くないですが、爽快感も薄れます。気球と同じように、着陸時がもっとも危険です。安全に地上に戻ってくれるよう、乗り手はひたすらドラゴンを信じるしかありません。

注記： *着陸の危険性を考え、ゴンドラ方式での飛行は、2本脚のワイバーンにだけ採用してください。4本脚のドラゴンだと、ゴンドラもあなたもつぶしかねません。*

・**シンドバッド方式**　ドラゴン飛行のなかで、いちばん簡単で経済的な方法です。船乗りシンドバッドが巨大な怪鳥ロックの脚にターバンで自分の体をくくりつけたように、特製の乗り具をドラゴンの左前脚にとりつけてください。

楽しみましょう！

　どんな飛行方法でも、ドラゴンに乗りながら、敷地がどんどん小さくなり、まわりの視界が広がる様子をながめたら、きっとおどろくでしょう。

東洋の空生《スカイ》ドラゴン

東洋のドラゴンは飼育できないのに、どうやっていっしょに空を飛べるのでしょうか？　方法はいくつかありますし、このようなドラゴンと空の冒険をするための道具もいろいろそろっています。

空のドラゴンを惹きつける

ひょっとしたら、東洋の水生ドラゴンがすでにあなたの湖に棲み、皇帝の竜船の一部になっていたり、竜船レースに出場したりしているでしょうか。このドラゴンは、嵐の夜に空を飛んだり、満月の晩に雲間で宇宙の真珠をおいかけたりするかもしれません。

毎晩ドラゴンを観察し、空に舞いあがったら、戻ってきたときにあいさつしましょう。かごいっぱいに入れたツバメの丸焼きをさしだし、乗り具（次ページの「乗るときのコツ」をご参照ください）を見せます。やさしく語りかけ、いっしょに空の冒険をしたいと身ぶりで伝えます。ドラゴンが乗せてくれるまで、何度も交渉が必要かもしれません。

また、あなたの敷地にすでに棲んでいるドラゴンに惹かれて、空生《スカイ》ドラゴンがやってくるかもしれません。そうしたら、上述のとおりに、関心を引いてみてください。

敷地内に湖がなければ、雲の流れが早い夜に、広々とした場所に行きましょう。ツバメの丸焼き、入ったかごを足元に置き、銅の平鍋を打ちあわせて、空を飛んでいるドラゴンに合図を送ります。ドラゴンが近くを飛んでいたら、興味を抱いて音の正体を調べにくるでしょう。そうしたら、空を飛びたいというあなたの気持ちをドラゴンに伝えてください。

乗り具

想像をもとにした絵では、動物や人間は東洋のドラゴンの背にじかにまたがって空を飛んでいます。ですが、じっさいは装置が必要です。翼をもつ西洋ドラゴン用と似た鞍と乗り具を装備します。しかし、より体が細く、背部の位置がより低い東洋のドラゴンに合わせた乗り具を用意してください。事前にドラゴンの大きさを測ることはできませんので、業者を信用して、おおよそのサイズで作ってもらいましょう。

乗るときのコツ

上空の天気が突然荒れることがありますので、東洋の空生《スカイ》ドラゴンに乗って空を飛ぶときはヘルメット、ゴーグル、雨具は必須です。忘れもしない嵐の日に、わたしもドラゴンに乗り、これら一式を使いました。遊園地の乗りものより、はるかにスリル満点でした。

第5部

ドラゴンを披露する

さて今ごろは、ドラゴンと毎日いっしょに暮らし、訓練を重ね、外出を楽しみ、ともに冒険も味わっていることでしょう。あなたとドラゴンがその気になれば、ドラゴンを披露することもできます。いろいろな仕事ができるかもしれませんし、公共行事や品評会に参加するのもいいでしょう。

世界にむけて、あなたのドラゴンを紹介するチャンスが手招きしています。

ドラゴンを貸し出す

ドラゴンがその気になってくれるのなら、財産を守ったり、公共行事に参加したり、ドラゴンを表現する芸術作品のモデルになったり、だれかの主になったり、貸し出せる機会はたくさんあります。なかでも、モデルはいちばんもうかり、なおかつドラゴンと飼い主の両方がたいへん満足できる仕事です。飼い主は、ドラゴンの絵や置き物をもらって家じゅうに飾れますし、ドラゴンのほうも、仲間を代表して上流階級の人々と大衆の前に出ることを喜びます。

紋章

世界でもっとも格式の高い一族のために、盾型の紋章を作るように任命された紋章アーティストは、優れた資料をいつも探しています。実際の動物――わたしたちの場合、ドラゴン――に優るモデルはいません。

長い歴史のなかで、ドラゴンは、強さ、勇気、警戒心を表わすシンボルでした。ドラゴンを採用したイギリスの紋章は、盾と旗の記章や、ドラゴンの形をしたローマの風見用円錐などに見ることができます。ウーゼル・ペンドラゴン（「ペンドラゴン」はドラゴンの頭《かしら》の意）は、ドラゴンの絵を採用し、息子のアーサーもそれを引きつぎました。ノルマン人のイングランド征服以来、王の旗や三角旗はドラゴンが占めるようになったのです。その後、チューダー王室の紋章に（盾を左右から支える）サ

ポーターとして加わり、ウェールズ国旗の赤いドラゴンになりました。

イギリスの紋章のドラゴンは４本脚で、コウモリのように肋骨のある翼をもっています。舌と尾は矢じりのようにとがっています。それに対してヨーロッパ大陸の紋章では、ドラゴンは２脚のワイバーンで、尾に結び目が描かれています。

あなたのドラゴンが上述のうち、いずれかにあてはまっているなら、紋章のモデルにぴったりでしょう。ワイバーンの頭部がドラゴンではなくおんどりになっている場合、コカトリスも紋章のシンボルになります。多頭ドラゴンは兜飾りに採用されることがあります。けれど、これらの品種はモデルにするのがむずかしいため、あまり需要がありません。

さて、あなたのドラゴンが紋章のモデル向きだとしましょう。紋章としての特徴をそなえ、紋章官に認められるよう、紋章になるドラゴンのポーズを教える必要があります。それは、*立ち姿（四つ足で立つ）*、*歩き姿*、*両後足立ち*、*飛び姿*の４つです。

両後足立ち

飛び姿

ギフト・カタログ

小売業界でも一般の人々にも、ドラゴンはたいへん人気があります。数えきれないほどのドラゴン・グッズが、考えつくかぎりの形状と材質で作られ、世界中のみやげもの屋や通販カタログに出まわっています。いちばん人気があるのは、４本脚の西洋のドラゴンと２本脚のワイバーンとヘビのような東洋のドラゴンです。もしあなたのドラゴンが上述のような標準的な品種で、商業美術用のモデルになるような目新しいことに、あなたとドラゴン双方が興味をもっているなら、ぜひ挑戦してください。実物のドラゴンをもとに商品をデザインしたいアーティストはきっとすぐに見つかるでしょう。きっとみなが楽しんで仕事できますよ。

ドラゴンをかたどった商品はすでにたくさんあります。たとえば、ドラゴンの彫刻、置物、宝石、陶器、花瓶、剣の柄、壁かけ、鏡、燭台、暖炉と火かき棒、じゅうたん、噴水、ペーパーナイフ、オルゴール、灰皿、ポスター、Ｔシャツ、香炉、コースター、タトゥー、シールなど、どんなものもあります。ドラゴン・グッズの通販カタログ「ドラゴンログ」から、２ページほど紹介しましょう。

インテリア

ブックスタンド

２匹のドラゴンがしっかり見はってくれますから、大切な本も安心です。たいへん精密に作られています。黄金を貯めこみ、守ることで有名なドラゴンがいれば、無断で本を拝借する人もいなくなるでしょう。樹脂複合材を用いて、石の質感を表現しました。底部にフェルトが貼ってあります。高さ23センチ。

空生《スカイ》ドラゴンの風見

東洋のドラゴンは昔から天候の神で、雲、風、雨の支配者として知られていました。銅の風見のてっぺんについているドラゴンが、空の様子を教えてくれますので、一日の予定をたてるのに助かります。ドラゴンと心棒を合わせて、高さが91センチ、 矢の長さは24センチです。

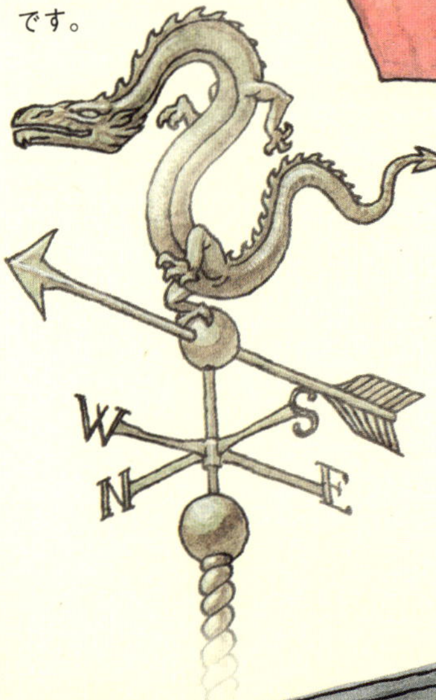

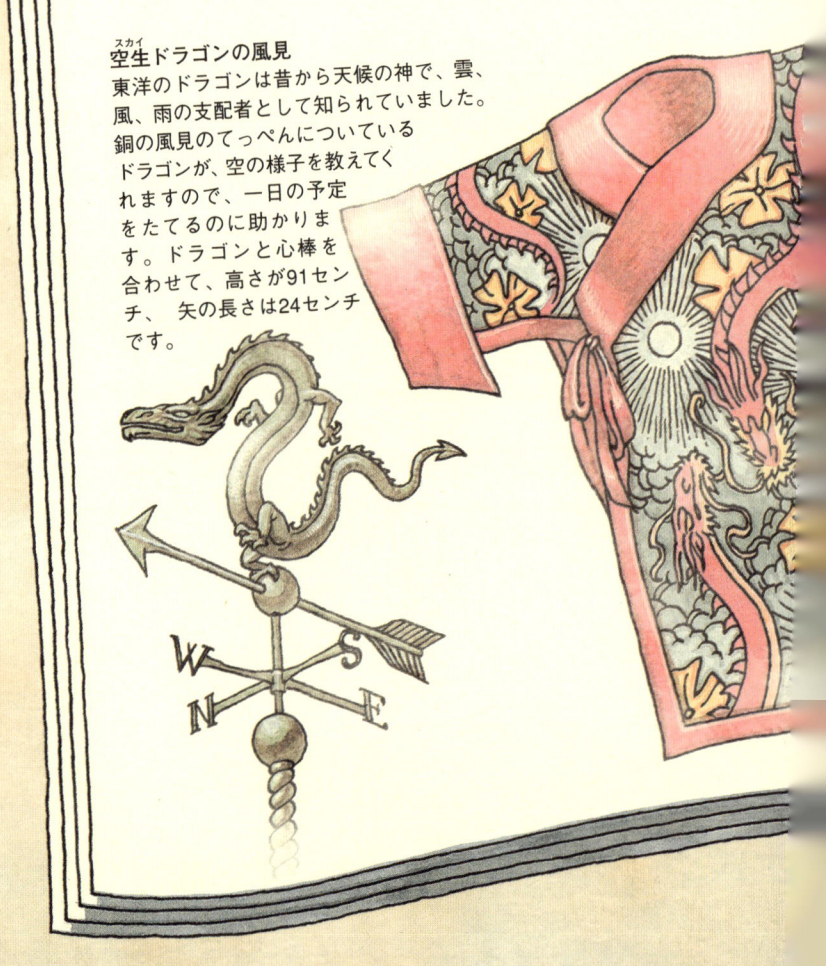

空飛ぶドラゴン
この空飛ぶドラゴンは怖れる必要がありません。飛んで窓辺を明るくしてくれるだけです。すべて手作りのガラス製で、コレクターにおすすめ。それぞれに金糸の輪がついています。2個セット。高さ13センチ。

皇帝ローブ
中国の皇帝は、先祖をさかのぼるとドラゴンに行きつくためか、自分たちの紋章として好運をもたらす全能のドラゴンを好みました。かぎ爪が５本ある皇帝のドラゴンが、力の源である「真珠」に手を伸ばしている模様が豪華に描かれている、伝統的なローブを着れば、あなたも皇帝の気分が味わえるでしょう。フリーサイズ。シルク100%。長さ157センチ。

ドラゴンの丘
家のリビングルームにもドラゴンの丘を設置できます。４本脚で翼のある、ひじょうに精巧な黄金のドラゴンが丘の下部に巻きついています。みかげ石のような手触りの樹脂製で、てっぺんにガラスが載っています。高さ46センチ。底部とガラスの直径51センチ。

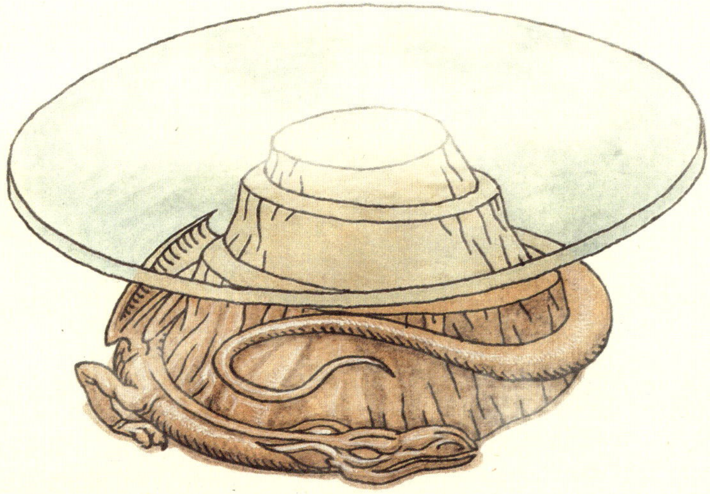

ドラゴンを披露する

ドラゴンの品評会は、ドラゴンといっしょに参加できる貴重な機会ですし、おたがいの絆もより深まり、よい経験となるはずです。競技に出場して他のドラゴンたちと競うのですから、飼育者とドラゴンは何カ月も力を合わせて能力や特技を伸ばします。ただし、品評会への参加は手間暇がかかりますし、のめりこんでしまう可能性もありますので、あらかじめご承知ください。最初は週末の趣味として始めても、いつのまにか生活の中心になるかもしれません。

品評会に出る理由

品評会に出る理由は、ほかにもたくさんあります。いくつか例をあげましょう。

- **楽しみ**　準備は大変ですが、品評会そのものは、レジャーであり、祝祭であり、冒険です。日常とはちがう、わくわくする場所です。
- **誇り**　これまで、あなたはドラゴンとの友情を築いてきたことでしょう。そしてついに、はじめて、ドラゴンとともに審査員、観客、ほかの飼育者とドラゴンの前で技を披露するのです。公共の場に出ることで、互いへの誇りがさらに高まるでしょう。
- **フィードバック**　あなたたちの演技について審査員からコメントをもらえますし、同じ品種のドラゴンと容姿や能力を見比べることもできます。次の品評会にむけて効果的に準備と訓練ができるでしょう。
- **崇高な動機**　世の人々が、「ドラゴン」全般と、それぞれの品種のことを知ってくれれば、ドラゴンへの誤解が減り、このすばらしい生きものをより理解してもらえるはずです。
- **名誉**　トロフィーをもって、あるいは1位のリボンをつけて歩けたら、あなたにとってもドラゴンにとっても、忘れられない思い出になるでしょう。

国際ドラゴン品評会
中国、北京
旧正月明けの第1週
イギリス、ロンドン
4月の第1週
ギリシア、アテネ
8月の第2週

ドラゴンの品評会に参加する

ドラゴンの品評会に参加するには、ワールド・ドラゴン・クラブから、あなたのドラゴンの品種などを記載した証明書を発行してもらわなければなりません。それから、あなたの飼っている品種が参加できる大会の日時と場所を探してください。

地域によっては、地元の品種限定の大会もあります（たとえば、フランスのタラスコンでの大会はタラスクだけ、アメリカのイリノイ州オールトンの大会にはピアサだけが出場できます）。毎年開催される名高い国際大会は全品種が対象です。WDCや雑誌「*無限ドラゴン*」をチェックして、あなたのドラゴンが参加できる大会を探してください。

遅くとも大会の1カ月前には参加の申し込みをしましょう。1週間前には、競技の参加番号、審査員の氏名、おおよその出場時間が記された競技プログラムが届きます。

審査員はなにを見るか

ドラゴンの品評会は、身体の特徴、気質、能力などを審査し、ワールド・ドラゴン・クラブの規格にもっとも適合しているドラゴンを、品種ごとに決めることを目的とします。まず品種ごとの優勝ドラゴンが発表されてから、総合優勝ドラゴンが選ばれます。品評会にむけて準備と訓練を始める前に、審査員がそれぞれの種目でなにを期待するかを知っておきましょう。

正しい頭部の形
（角、ひげを含めて）
目のかがやき
キバ
（長さと鋭さ）
吐いた炎の長さと色
（該当する場合）
手入れしたかぎ爪の
きめと鋭さ

身体チェック

競技は、等級ごとの審査から始まります。各等級レベルで出場するドラゴンは、まだ公式チャンピオンではありません。チャンピオンの称号は、累計で15点稼ぐともらえます（獲得可能なポイントは、品評会に参加するドラゴンの数によって違います）。それぞれのクラスで、ドラゴンは「立つ」姿勢をとり、審査員が右記のような点を調べます。

採点方法

参加者がドラゴンを引きつれて会場をまわるあいだ、審査員はドラゴンの動きや歩き方を見ます。

- うろこが欠けていたり、目がどんよりしていたり、かぎ爪が割れていたりすると、減点されます。
- それぞれの等級の勝者は、チャンピオンの称号の獲得に向けて加点されます。

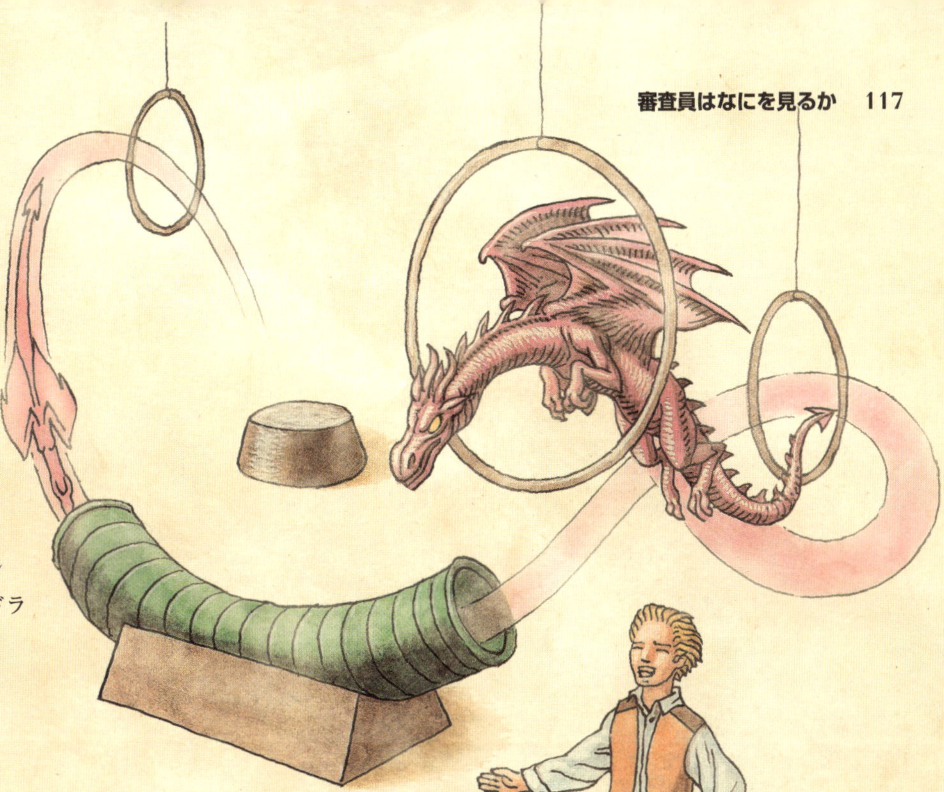

服従

小型ドラゴンだけが参加できる種目です。「飛べ！」を含む基本の命令を出して、ドラゴンがこたえる様子を披露します。服従のランクはいちばん低いものから高いものまで、次のとおりです。

・CD――コンパニオン・ドラゴン
・CDX――優秀コンパニオン・ドラゴン
・UD――ユーティリティ（有用）・ドラゴン

敏捷さ

身体能力と敏捷さを測る種目は、小型、大型ともに、いろいろあります。小型ドラゴンは、炎、ハードル、輪、トンネル、シーソーを組みあわせたコースをうまく通りぬけます。大型ドラゴンの場合、飼育者もいっしょに参加して、ドラゴン乗り、跳馬（ドラゴンの背中を利用した体操競技）、走行（2輪戦車を引くこと）、飛行（地上からドラゴンに指示を出しても、背中に乗ってもいい）などを披露します。

手入れしたうろこの、色ときめの細かさ
均整のとれた体（頭、とげのついている背中、脚、しっぽ、翼〔もしあれば〕）。

品種別の優勝

チャンピオンと、各品種の最高ランクに輝いたドラゴンが、小型、大型ごとに、品種別の優勝をめざして競います。

総合優勝

大形ドラゴンの品種のなかから、審査員長が最高の栄誉を受けるドラゴンを選びます。

品評会への準備

はじめてドラゴンの品評会に参加すると決めたときは、まだまだ時間の余裕があると思うかもしれません。とんでもない。あっというまに、品評会の日はやってくるでしょう。

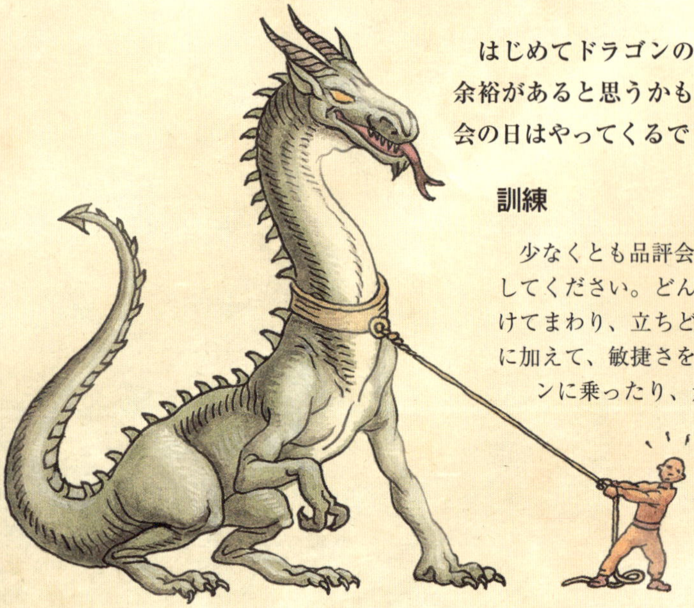

訓練

少なくとも品評会の3カ月前から訓練を始めましょう。毎日15-20分は訓練してください。どんな品評会に出場する場合も、敷地のまわりをリードをつけてまわり、立ちどまる練習はしましょう。小型ドラゴンとは、基本の命令に加えて、敏捷さを競うコース対策の練習を何度もしましょう。大形ドラゴンに乗ったり、走行したり、跳馬をしたりする練習は、集中し、辛抱強く取りくんでください。そして、ドラゴンだけでなく、あなた自身も、最高のコンディションで当日を迎えられるようにしましょう。

手入れ

手入れのなかで、うろこ磨きがいちばん労力を要し時間もかかります。ドラゴンの大きさによって、磨き終えるまで数日から、一週間かかることもあります。ベビーオイルかビタミンEでうろこをこすってください（ベタベタしたワセリンは使わないでください）。

かぎ爪もそろえなければなりません。ドラゴンの大きさによって、手入れに必要な道具も異なります。

移送

小型のドラゴンや若いドラゴンでしたら、車や飛行機で運んでもいいでしょう。大型ドラゴンの場合、トレーラーに慣らす必要があるかもしれません。あるいは、品評会の場所が遠い場合、ドラゴンを鉄道――もしくは船――で送る必要があるかもしれません。翼のあるドラゴンならば、ほかにも方法があります。なんにせよ、前日になってようやく荷造りに取りかかるようなことはさけてください。ドラゴンの食料、水、手入れ道具をまとめ、前もって乗り具を取りつけましょう。

ショータイム

数カ月の準備期間を経て、ようやく当日になりました。

競技場では、興奮と活気でにぎやかでしょう。まわりじゅうにドラゴンと飼い主がいて、緊張した面持ちで、えさをやったり、手入れをしたり、最後まで練習をしたりして出番を待っています。

ご承知のとおり、ドラゴンは特別な生きものですから、飼育していることを誇りに思い、まわりの人たち――審査員、参加者、そして観客――にドラゴンを知ってもらいたいことでしょう。今がそのチャンスです。自信をもってください。あなたのドラゴンも、わたしのロウィーナのように、きっと１位のリボンを家にもってかえってきてくれるはずです。

リングサイドでは、受付をすませ、自分の番号が呼ばれるまで待ちましょう。

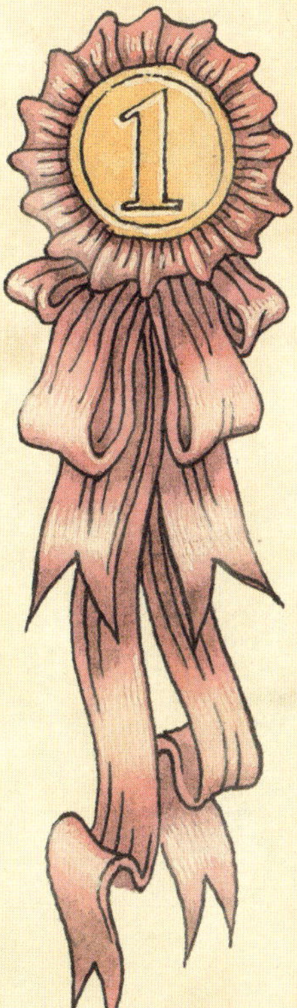

品評会で最高の演技をする

さまざまな種目が終わり、最後にだれもが楽しみにしている競技が始まります。各品種の優勝ドラゴンが並んで歩き、総合優勝の栄誉を受けるドラゴンが決まるのです。

観客が息をのんで見つめるなか、それぞれの等級別の優勝ドラゴンが紹介され、会場を一周して、定められた位置につきます。それから、最終審査、「そして、優勝は……」という発表と、総合優勝の表彰を待つのです！

資料

ドラゴンのブリーダー／取扱業者

ドラゴンは飼育者にたいへん人気がありますが、ペットショップでは売っていません。フェレット、イグアナ、タランチュラに比べると希少な生きものですし、イヌ、ネコ、鳥、魚より数がはるかに少ないのです。ペットショップでは、大型ドラゴンを置くことはぜったいに無理です。小型ドラゴンでさえ特殊すぎて通常の小売には向いていません。ドラゴンを入手するには、世界中にいる、数少ないドラゴンのブリーダーに連絡するしかありません。下に紹介するのは、「*無限ドラゴン*」というドラゴン業界の主要専門誌から切りぬいた業者の広告です。

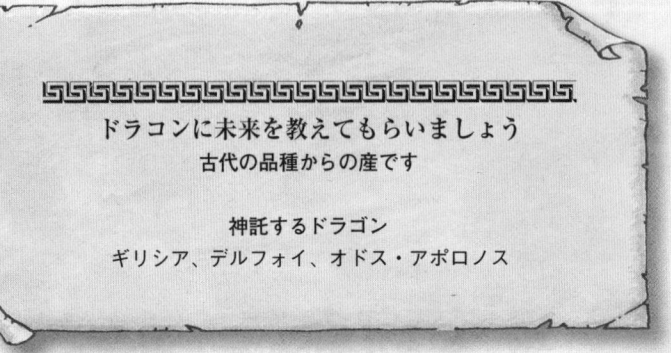

ドラコンに未来を教えてもらいましょう
古代の品種からの産です

神託するドラゴン
ギリシア、デルフォイ、オドス・アポロノス

サラマンダー
防火と石綿作り
サラマンダー・ウール株式会社
エチオピア、アディスアベバ
プレステ・ジョアン・スクエア

ワームヒルからお届けします
ドラゴンに宝を守ってもらいましょう
かぎ爪&しっぽ株式会社
イギリス、ダーラム、ラムトン通り

シードラゴン
海水・淡水両方あります
ネッシーの友
スコットランド、ネス湖、ピラー通り

山ドラゴン
とさか、ひげ、
ドラゴン石つき

ドラコンス株式会社
インド、エレファント通り

うろこをもつ生きものの帝王
空、海、陸のドラゴン
数にかぎりあり
５本脚ハウス
中国、北京、真珠通り

祭りの誇り
大型、小型、行列用まで
タラスクはおまかせ
タラスク・ヴィレッジ
フランス、プロヴァンス州
タラスコン、聖マルタ通り

ムシュフシュ――神々の仲間
もっとも柔和で高貴なドラゴン
シティ・ゲート株式会社
バビロン、マルドゥク通り

珍しいドラゴン
バジリスクの子孫
エレウォン
コカトリス・シティ

多頭モンスター
映画撮影や
サーカスの余興に

テュポンの息子
ギリシア、レマ、
オドス・ヘラクレス

ピアサを今日も抱きしめて
あげましたか？
この温和な怪物は
侵入者を追い払ってくれます！
ピアサ・センター
アメリカ合衆国イリノイ州
オールトン、マーケット通り

大人気ドラゴン
新出荷

西洋のドラゴン
大型も小型もいます

ドラゴン・ハウス株式会社
アメリカ合衆国
カリフォルニア州
サンマテオ
ヘラルド・コート

ドラゴンの関連書籍

ドラゴンをしっかりと育て、面倒を見るために、ドラゴンの飼育について十分な情報を集めることをおすすめします。そして、ドラゴンという、太古から存在する世界共通の偉大な生きものの伝承をできるだけたくさん学んでください。ブリーダーのおかげで一般の人たちもいろいろなドラゴンを入手できるようになったため、ドラゴンの飼育や世話に関する多数の本が出版されました。ドラゴンの伝承についての本や、ウェブサイトは数多くあります。けれど、身内びいきかもしれませんが、わたしの先祖、エドワード・トプセルの*『蛇の歴史』*とは比較になりません。さて、おすすめ図書リストを参考までにご紹介しますので、ドラゴン蔵書を充実させてください。

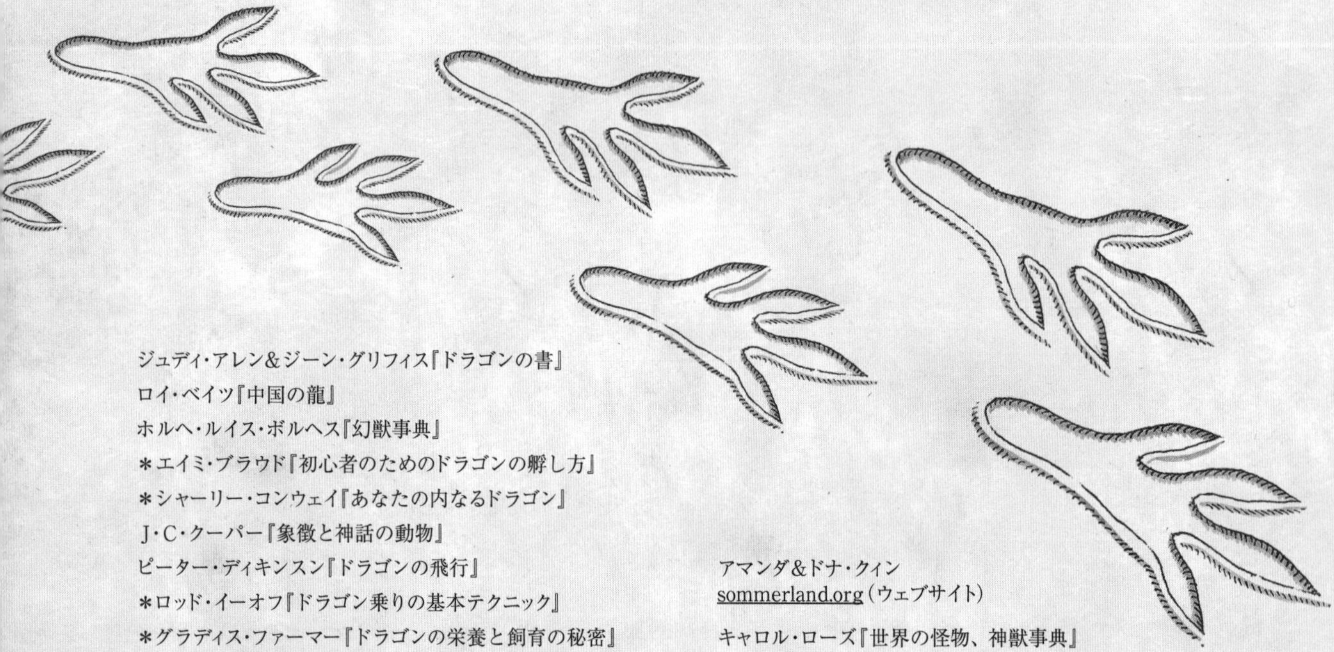

ジュディ・アレン&ジーン・グリフィス『ドラゴンの書』
ロイ・ベイツ『中国の龍』
ホルヘ・ルイス・ボルヘス『幻獣事典』
＊エイミ・ブラウド『初心者のためのドラゴンの孵し方』
＊シャーリー・コンウェイ『あなたの内なるドラゴン』
J・C・クーパー『象徴と神話の動物』
ピーター・ディキンスン『ドラゴンの飛行』
＊ロッド・イーオフ『ドラゴン乗りの基本テクニック』
＊グラディス・ファーマー『ドラゴンの栄養と飼育の秘密』
チャールズ・グールド『神話の怪物』
ロバート・グレーヴズ『ギリシア神話』
＊ユージーン・ゲスト『ドラゴンに見せよう——あながた知っておくことすべて』
ジョイス・ハーグリーヴズ『ハーグリーヴズの新イラスト動物寓話集』
ジャネット・ホールト『ドラゴン——歴史と象徴主義』
フランシス・ハクスリー『ドラゴン——性質の特徴』
アーネスト・インガソル『ドラゴンとその伝承』
ディヴィド・ジョーンズ『ドラゴンの本能』
＊クリストファー・レヴィ『初心者のためのドラゴンを披露する方法』
E・ネズビット『ドラゴンがいっぱい！』
ジョセフ・ニグ『ドラゴンと神話上の怪物の本』
アン・ペイン『中世の怪物』
＊ジョン・W・ピール『ポジティブなドラゴン訓練の力』
アマンダ&ドナ・クィン
sommerland.org（ウェブサイト）
キャロル・ローズ『世界の怪物、神獣事典』
＊J・E・サスーン『ドラゴン全品種手入れガイド』
＊ジョルジュ・セル『ドラゴンの留め金と乗り具　イラスト付きガイド』
カール・シューカー『龍のファンタジー』
G・エリオット・スミス『ドラゴンの進化』
マルコム・サウス編『想像上のすばらしい生きもの——資料集と研究指針』
＊グレッチェン・スプラーチェ『ドラゴンのことばを学ぶ——すばらしい動物とのコミュニケーションを始めよう』
エドワード・トプセル『蛇の歴史』
エドモンド・トレイナー『完全版ドラゴン訓練マニュアル』
＊エヴェリーナ・トラッコ『究極ドラゴンまやかし本』
T・H・ホワイト『獣の本』
＊バッド・ウィルバー『ドラゴン囲い地の建設』

＊「*無限ドラゴン*」誌で購入することができます。

訳者あとがき

ドラゴン好きの、ドラゴン好きによる、ドラゴン好きのための本。

この本をひとことで説明すると、こんな感じです。

直接見たり触ったりすることができないにもかかわらず、ドラゴンはわたしたちの世界と深いつながりをずっともってきました。ユニコーン、ペガサス、麒麟、グリフィンなど、幻想的な生きものは数多くいますが、どれも知名度と人気でドラゴンにはかないません。

フィクションの世界でも、子ども向け、一般向けを問わず、ドラゴンは花形スターです。「ハリー・ポッター」や「ゲド戦記」など、世界的に有名なファンタジー作品に華々しく登場しています。日本でも、『龍の子太郎』を筆頭に、ドラゴン（竜）が活躍する物語がたくさんあります。また、「ドラゴンクエスト」のようなゲームでもおなじみです。

けれど、この本ほどドラゴンが身近に思えて、愛着のわく本を、わたしは手にしたことがありません。

この本は、ドラゴンが飼えることを大前提に、イヌやネコの飼育本とまったく同じ手法で、詳細にノウハウを伝授してくれています。ドラゴンが「いたらいいな」ではなくて、「いて当然」という、終始、現実的な姿を貫くところがなんとも潔くて、最初のページから引きこまれてしまいます。

世界中のドラゴンの品種の紹介、卵の孵しかた、入浴のさせかた、リードをつけて散歩するまでの手順は、経験者でしか語れないようなリアリティがあり、思わずうなってしまいました。わたしはネコを飼っているので飼育本はよく読みますが、精密さと説得力という点で、この本は既存の飼育本と比べて少しも遜色ありません。

また、ドラゴン好きが書いているだけあって、どのドラゴンもひじょうに愛嬌があり魅力的です。容姿が不気味な多頭ドラゴンやピアサでさえ、キモカワ系ならではの愛くるしさを感じます。きっと、これまでにないドラゴンのすばらしさを発見していただけることでしょう。

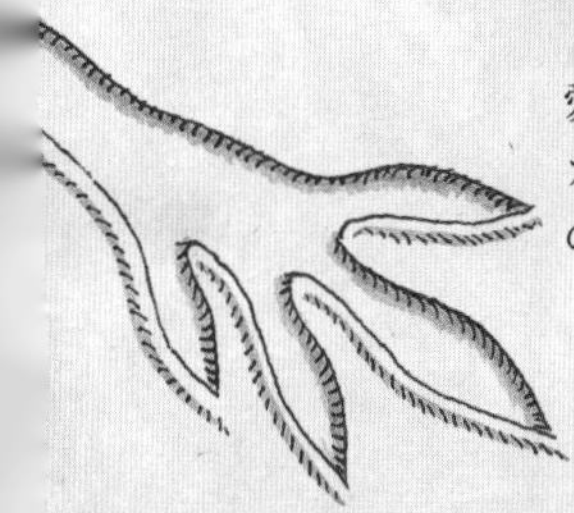

2007年7月
神戸万知

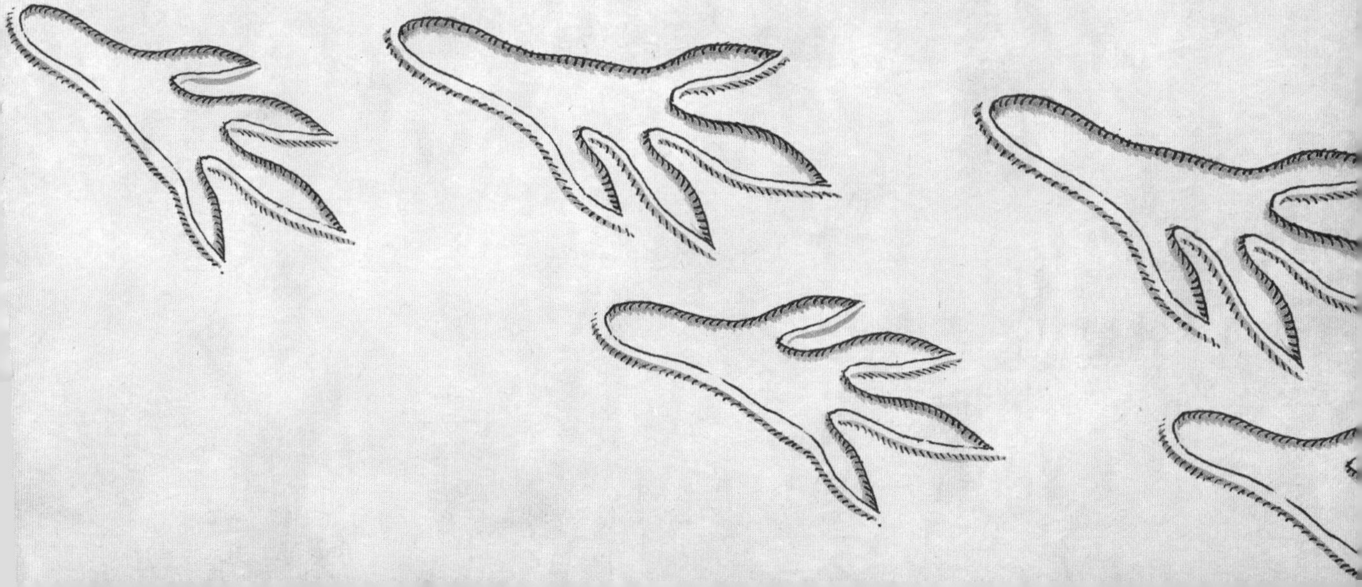

索引

◆著者略歴◆
ジョン・トプセル（John Topsell, ジョーゼフ・ニグ〔Joseph Nigg〕）
20年間以上、幻獣について研究し、執筆してきた。これまでの作品は『グリフィンの書』(*The Book of Gryphons*)、『想像上の動物の書』(*The Book of Fabulous Beasts*)、『ドラゴンほか、伝説上の動物の書』(*The Book of Dragons and Other Mythical Beasts*)など。いくつかの大学で教えている。コロラド州デンヴァー在住。

◆訳者略歴◆
神戸万知（ごうど・まち）
ニューヨーク州立大学卒業。白百合女子大学大学院修了。おもな訳書に「ドラゴン・スレイヤー・アカデミー」シリーズ、『デルトラの伝説』（ともに岩崎書店）、『絵巻物語　フェアリーテイル』、『ルーンの魔法のことば』（ともに原書房）、『フェアリーショッピング』（講談社）、共著に『ファンタジービジネスのしかけかた』（講談社）、『暗くなるまで夢中で読んで』（原書房）などがある。

HOW TO RAISE AND KEEP A DRAGON
by John Topsell

ドラゴン
飼い方 育て方

●

2008年2月15日　第1刷
2022年7月31日　第4刷

著者………ジョン・トプセル（ジョーゼフ・ニグ）
訳者………神戸《ごうど》万知《まち》
装幀者………川島進（スタジオ・ギブ）
本文組版………新灯印刷株式会社

発行者………成瀬雅人
発行所………株式会社原書房
〒160－0022　東京都新宿区新宿1－25－13
電話・代表　03（3354）0685
http://www.harashobo.co.jp
振替・00150－6－151594

ISBN978-4-562-04121-3

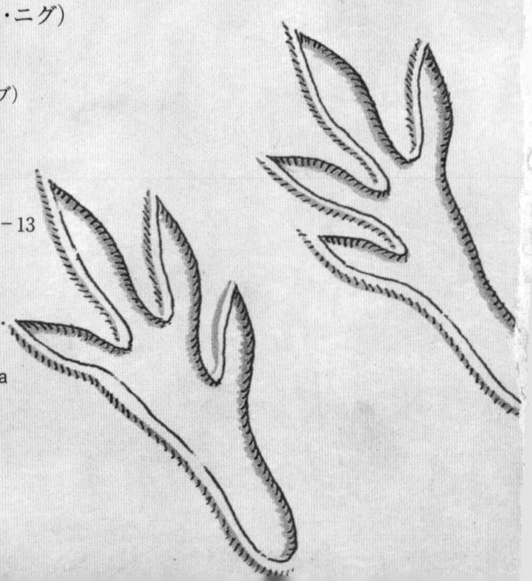